8급 배정 한자

教 (가르칠 교)	白 (흰 백)	二 (두 이)
校 (학교 교)	父 (아비 부)	人 (사람 인)
九 (아홉 구)	北 (북녘 북)	日 (날 일)
國 (나라 국)	四 (넉 사)	一 (한 일)
軍 (군사 군)	山 (메 산)	長 (긴 장)
金 (쇠 금)	三 (석 삼)	弟 (아우 제)
南 (남녘 남)	生 (날 생)	中 (가운데 중)
女 (계집 녀)	西 (서녘 서)	青 (푸를 청)
年 (해 년)	先 (먼저 선)	寸 (마디 촌)
大 (큰 대)	小 (작을 소)	七 (일곱 칠)
東 (동녘 동)	水 (물 수)	土 (흙 토)
六 (여섯 륙)	室 (집 실)	八 (여덟 팔)
萬 (일만 만)	十 (열 십)	學 (배울 학)
母 (어미 모)	五 (다섯 오)	韓 (한국 한)
木 (나무 목)	王 (임금 왕)	兄 (형 형)
門 (문 문)	外 (바깥 외)	火 (불 화)
民 (백성 민)	月 (달 월)	

男 (사내 남)	子 (아들 자)	上 (위 상)
下 (아래 하)	口 (입 구)	

한자능력
검정시험

한자능력
검정시험

8급

저자 **강태립**(姜泰立)
- 원광대 중어중문학과 졸업
- 공주대학교 교육대학원 중국어전공 교육학 석사
- 전문 한자지도자 연수 강사
- 한국 한자급수검정회 이사
- 한국 한문교육연구원 경기도 본부장
- 다중지능연구소 일산센터장
- 웅산서당 훈장

감수 **강태권**(康泰權)
- 現) 국민대 중어중문학과 교수

이병관(李炳官)
- 연세대 중어중문학과 졸업
- 문학박사
- 대만 동해대학 중문연구소 주법고(周法高) 교수 문하에서 수학
- 현 공주대학교 중어중문학 교수

이 책을 펴내면서

한자능력검정시험이 국가공인(國家公認)을 받은 후 한자 교육에 대한 인식이 달라지고, 한자를 배우고자 하는 사람들이 늘어나는 것도 참으로 다행한 일입니다.

한자를 학습하는 것은 우리말의 뜻을 제대로 알기 위함이며, 학년이 올라갈수록 점점 어려워지는 말들을 쉽게 이해하기 위해서입니다. 한자를 제대로 학습하면 틀림없이 학습에 흥미가 더해질 것입니다. 하나를 배워 열을 알 수 있는 길이 한자에 있습니다. 처음 한자를 학습할 때는 먼저 글자가 만들어지는 과정을 보고 이해한 뒤 써 보는 것이 좋습니다.

「국가공인 한자능력검정시험 8급」은 '갑문 – 금문 – 소전'을 순서대로 배열하여 글씨의 변천 과정을 보고 글자의 이미지와 뜻을 쉽게 익히도록 하였습니다. 또한 지루하지 않게 한자와 친해지도록 함을 목표로 삼았습니다.

이 책으로 공부하는 학생들에게 좋은 성과가 있길 바라며, 한문 교육에 앞장서 주시는 어시스트하모니(주) 사장님 이하 편집진에게 감사의 말씀을 전합니다.

– 지은이

이 책의 구성과 특징

- 서당 현장 교육을 통해 얻은 가장 효과적인 학습 방법을 토대로 내용을 구성하였습니다.
- 단순 암기가 아닌 원리 위주로 되어 있어 스스로 학습할 수 있습니다.
- 각 단원을 10자씩 비슷한 모양의 한자끼리 묶어 학습 효율을 높였습니다.
- 한자를 학습하는 데 있어 필요한 기본적인 내용을 부록으로 실었습니다.

통합 급수 시험 대비 급수별
어문회, 진흥회, 검정회 한자
학습을 이 책 한 권으로 공부
할 수 있도록 만들었습니다.

중국(간체자)과 일본(약자)에서 쓰는 한자 표기를
통해 폭넓게 한자를 익힐 수 있게 만들었습니다.

갑문, 금문, 소전을
통해 글자의 시각적
전달에 힘썼습니다.

한자의 뜻과 모양을
연상시킬 수 있는
그림을 통해 좀더 쉽게
한자를 익힐 수 있게
만들었습니다.

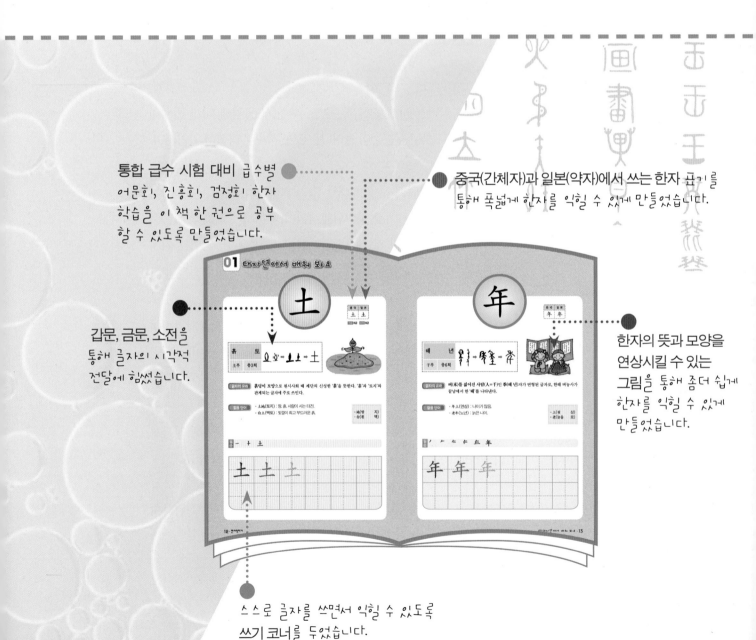

스스로 글자를 쓰면서 익힐 수 있도록
쓰기 코너를 두었습니다.

한자 즐기기

각 단원마다 한자 즐기기 코너를 마련하여
선 긋기, 미로 찾기, 스티커 붙이기 등
다양한 놀이를 통해 한자에 흥미를
느끼게 만들었습니다.

확인 학습 문제

각 단원마다 확인 평가를 두어
반복 학습할 수 있게 하였습니다.

8급 배정 한자 카드

한자를 자유롭게 반복적으로
익힐 수 있도록 하였습니다.

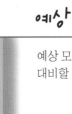

예상 모의고사

예상 모의고사를 통해 실전에
대비할 수 있도록 하였습니다.

級數博士

이 책의 차례

次例

부록

한자능력검정시험 안내

1 한자능력검정시험이란?

사단법인 한국어문회가 주관하고 한국한자능력검정회가 시행하는 한자능력검정시험은 초·중·고·대학생, 직장인, 주부, 일반인 등을 대상으로 한자의 이해 및 활용 능력을 평가하는 제도입니다.

한자능력검정시험의 목적

한자 급수제를 통해 한자의 학습 의욕을 고취시키고, 개인별 한자 능력에 대한 객관적인 급수 부여와 사회적으로 한자 능력이 우수한 인재 양성을 목적으로 합니다.

한자능력급수 취득자에 대한 혜택

1 국가 자격 취득자와 동등한 대우와 혜택

사단법인 한국어문회가 주관하는 검정급수 중 공인급수는 특급·특급Ⅱ·1급·2급·3급·3급Ⅱ이며 (특급, 특급Ⅱ는 제 54회부터), 교육급수는 4급·4급Ⅱ·5급·5급Ⅱ·6급·6급Ⅱ·7급·7급Ⅱ·8급입니다.
자격기본법 제 27조에 의거 국가자격 취득자와 동등한 대우 및 혜택을 받습니다.

2 대학 입학시 다양한 혜택

2005학년도 대학수학능력시험부터 '漢文'이 선택과목으로 채택되었습니다.
(대입 전형과 관련된 세부사항은 해당 학교 홈페이지, 또는 입학담당부서를 통하여 다시 한 번 확인하여 주시길 바랍니다.)
※ 한국한자능력검정회 홈페이지(www.hanja.re.kr)를 참고하세요.

3 대학 학점에 반영되거나 졸업시 필요

자격증 취득을 학점에 반영해 주거나 졸업을 하기 위해서는 반드시 몇 급 이상을 취득하도록 의무화 시킨 대학들도 있습니다.

4 입사시 유리하게 작용

(1) 경제 5단체, 신입사원 채용 때 전국한자능력검정시험 응시 권고(3급 응시요건, 3급 이상 가산점)하고 있습니다.
(2) 경기도교육청 유치원, 초등학교, 특수학교(유치원·초등)교사 임용시험 가산점 반영하고 있습니다.

5 인사 고과에 반영

육군간부 승진 고과에 반영됩니다.(대위-대령/군무원 2급-5급 : 3급 이상, 준·부사관/군무원 6급-8급 : 4급 이상)

2 한자능력검정시험 응시 방법 및 시험 내용

시험 일시 및 접수 방법

자세한 시험 일정은 한국한자능력검정회 홈페이지(www.hanja.re.kr)에서 확인할 수 있습니다.

1 방문 접수

(1) 응시 급수 : 모든 급수　　　(2) 접수처 : 각 고사장 지정 접수처　　　(3) 접수 방법

01 응시급수 선택	→	**02** 준비물 확인	→	**03** 원서작성 및 접수	→	**04** 수험표 확인
급수배정을 참고하여, 응시자의 실력에 알맞는 급수를 선택합니다.		반명함판사진 2매 (3×4cm·무배경·탈모) 급수증 수령주소 응시자 주민번호 응시자 이름(한글·한자) 응시료		응시원서를 작성한 후, 접수처에 응시료와 함께 접수합니다.		접수완료 후 받으신 수험표로 수험장소, 수험일시, 응시자를 확인하세요.

2 인터넷 접수

(1) 접수급수 : 모든 급수　　　(2) 접수처 : www.hangum.re.kr　　　(3) 접수 방법 : 인터넷접수처 게시

접수처

한국한자능력검정회 홈페이지 www.hanja.re.kr에서 전국의 각 지역별 접수처와 응시처를 약도와 함께 안내받으실 수 있습니다.

검정료

(1) 창구 접수 검정료는 원서 접수일로부터 마감시까지 해당 접수처 창구에서 받습니다.
(2) 인터넷으로 접수하실 때 검정료 이외의 별도 수수료가 부과되지 않습니다.

특급·특급II·1급	2급·3급·3급II	4급·4급II·5급·5급II·6급·6급II·7급·7급II·8급
45,000	25,000	20,000

한자능력검정시험 급수별 출제 기준

급수	특급	특급II	1급	2급	3급	3급II	4급	4급II	5급	5급II	6급	6급II	7급	7급II	8급
讀音(독음)	45	45	50	45	45	45	32	35	35	35	33	32	32	22	24
訓音(훈음)	27	27	32	27	27	27	22	22	23	23	22	29	30	30	24
長短音(장단음)	10	10	10	5	5	5	3	0	0	0	0	0	0	0	0
反義語(반의어)	10	10	10	10	10	10	3	3	3	3	3	2	2	2	0
完成型(완성형)	10	10	15	10	10	10	5	5	4	4	3	2	2	2	0
部首(부수)	10	10	10	5	5	5	3	3	0	0	0	0	0	0	0
同義語(동의어)	10	10	10	5	5	5	3	3	3	3	2	0	0	0	0
同音異義語(동음이의어)	10	10	10	5	5	5	3	3	3	3	2	0	0	0	0
뜻풀이	5	5	10	5	5	5	3	3	3	3	2	2	2	2	0
略字(약자)	3	3	3	3	3	3	3	3	3	3	0	0	0	0	0
漢字(한자) 쓰기	40	40	40	30	30	30	20	20	20	20	20	10	0	0	0
筆順(필순)	0	0	0	0	0	0	0	0	3	3	3	3	2	2	2
漢文(한문)	20	20	0	0	0	0	0	0	0	0	0	0	0	0	0
출제 문항수	200	200	200	150	150	150	100	100	100	100	90	80	70	60	50

※ 출제 기준표는 기본 지침 자료로서, 출제자의 의도에 따라 차이가 있을 수 있습니다.

한자능력검정시험 급수 배정

급수	읽기	쓰기	수준 및 특성	권장 대상
특급	5,978	3,500	국한혼용 고전을 불편 없이 읽고, 연구할 수 있는 수준 고급 (한중 고전 추출한자 도합 5978자, 쓰기 3500자)	대학생·일반인
특급 II	4,918	2,355	국한혼용 고전을 불편 없이 읽고, 연구할 수 있는 수준 중급 (KSX1001 한자 4888자 포함, 전체 4918자, 쓰기 2355자)	대학생·일반인
1급	3,500	2,005	국한혼용 고전을 불편 없이 읽고, 연구할 수 있는 수준 초급 (상용한자+준상용한자 도합 3500자, 쓰기 2005자)	대학생·일반인
2급	2,355	1,817	상용한자를 활용하는 것은 물론 인명지명용 기초한자 활용 단계 (상용한자+인명지명용 한자 도합 2355자, 쓰기 1817자)	대학생·일반인
3급	1,817	1,000	고급 상용한자 활용의 중급 단계 (상용한자 1817자 - 교육부 1800자 모두 포함, 쓰기 1000자)	고등학생
3급 II	1,500	750	고급 상용한자 활용의 초급 단계(상용한자 1500자, 쓰기 750자)	중학생
4급	1,000	500	중급 상용한자 활용의 고급 단계(상용한자 1000자, 쓰기 500자)	초등학생
4급 II	750	400	중급 상용한자 활용의 중급 단계(상용한자 750자, 쓰기 400자)	초등학생
5급	500	300	중급 상용한자 활용의 초급 단계(상용한자 500자, 쓰기 300자)	초등학생
5급 II	400	225	중급 상용한자 활용의 초급 단계(상용한자 400자, 쓰기 225자)	초등학생
6급	300	150	기초 상용한자 활용의 고급 단계(상용한자 300자, 쓰기 150자)	초등학생
6급 II	225	50	기초 상용한자 활용의 중급 단계(상용한자 225자, 쓰기 50자)	초등학생
7급	150	–	기초 상용한자 활용의 초급 단계(상용한자 150자)	초등학생
7급 II	100	–	기초 상용한자 활용의 초급 단계(상용한자 100자)	초등학생
8급	50	–	한자 학습 동기 부여를 위한 급수(상용한자 50자)	초등학생

※ 상위 급수 한자는 하위 급수 한자를 모두 포함하고 있습니다.
※ 쓰기 배정 한자는 한두 급수 아래의 읽기 배정 한자이거나 그 범위 내에 있습니다.
※ 초등학생은 4급, 중·고등학생은 3급, 대학생은 2급과 1급 취득에 목표를 두고, 학습하시기를 권해 드립니다.

한자능력검정시험 시험 시간과 합격 기준

1 시험 시간

특급·특급 II	1급	2급·3급·3급 II	4급·4급 II·5급·5급 II·6급·6급 II·7급·7급 II·8급
100분	90분	60분	50분

2 합격 기준

급수	특급·특급 II·1급	2급·3급·3급 II	4급·4급 II·5급·5급 II	6급	6급 II	7급	7급 II	8급
출제 문항수	200	150	100	90	80	70	60	50
합격 문항수	160	105	70	63	56	49	42	35

※ 특급, 특급 II, 1급은 출제 문항수의 80% 이상, 2급~8급은 70% 이상 득점하면 합격입니다.
※ 1문항 당 1점으로 급수별 만점은 출제 문항수이며, 백분율 환산 점수를 사용하지 않습니다.
※ 합격 발표시 제공되는 점수는 응시 급수의 총 출제 문항수와 합격자의 득점 문항수입니다.

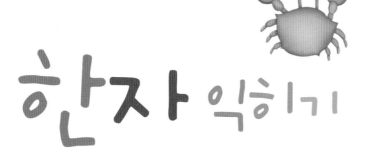

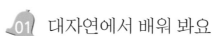

한자 익히기

중국	일본
土	土

진흥 8급 검정 8급

흙	토
土부	총3획

글자의 유래   흙덩이 모양으로 원시사회 때 제단의 신성한 '흙'을 뜻한다. '흙'과 '토지'와 관계되는 글자에 주로 쓰인다.

활용 단어
- 土地(토지) : 땅. 흙. 사람이 사는 터전.
- 白土(백토) : 빛깔이 희고 부드러운 흙.

- 地(땅   지)
- 白(흰   백)

필순 一 十 土

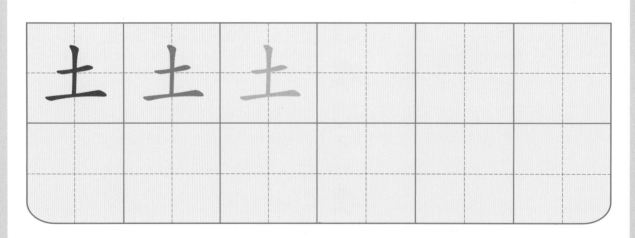

중국	일본
年	年

해	년
干부	총6획

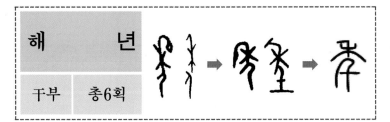

글자의 유래   벼(禾)를 짊어진 사람(人=千)인 秊(해 년)자가 변형된 글자로, 한해 벼농사가 끝남에서 한 '해'를 나타낸다.

활용 단어
- 年上(연상) : 나이가 많음.
- 老年(노년) : 늙은 나이.

- 上(윗   상)
- 老(늙을   로)

필순   ノ   广   上   눈   年   年

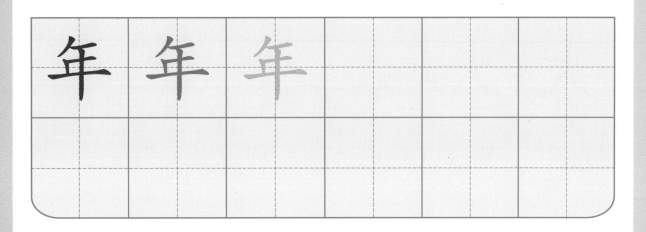

중국	일본
大	大

큰 대( )		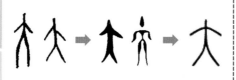
大부	총3획	

글자의 유래   양팔(一)을 벌리고 우뚝 선 사람(人)에서 '크다'란 뜻이 된다.

활용 단어
· 大門(대문) : 큰 문. 집의 정문.
· 大人(대인) : 어른. 성인. 덕이 높은 사람.

· 門(문   문)
· 人(사람   인)

필순   一 ナ 大

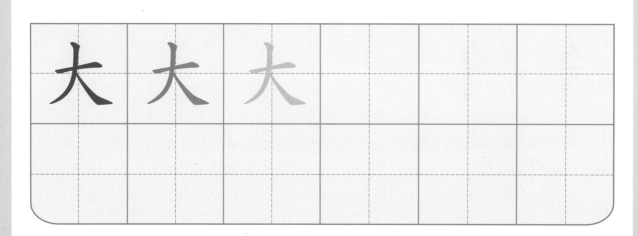

木

나무	목
木부	총4획

글자의 유래 나무의 가지와 뿌리(术·术)를 나타낸 글자로 '**나무**'를 뜻한다. 나무 종류나 나무로 만든 도구를 나타낸다.

활용 단어
· 木馬(목마) : 나무로 만든 장난감 말.
· 木手(목수) : 나무를 다루는 일을 하는 사람.

· 馬(말　　마)
· 手(손　　수)

필순 一 十 オ 木

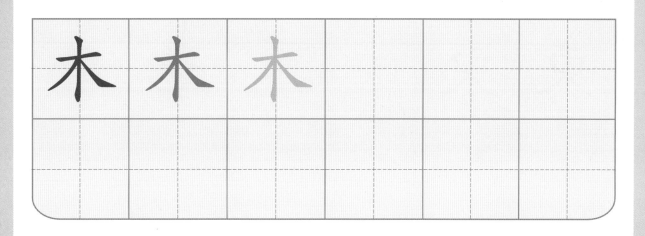

중국	일본
东	東

검정 8급

동녘	동
木부	총8획

글자의 유래 양 끝을 묶은 **자루 모양(東)**으로 '자루에 담긴 물건'이 본뜻이나, 후에 '**동쪽**'으로 쓰이면서 **해(日)**가 떠오르다 **나무(木)**에 걸린 모습으로 해석하기도 한다.

활용 단어
· 東門(동문) : 동쪽으로 난 문.
· 東方(동방) : 동쪽. 동쪽 지방.

· 日(날   일)
· 門(문   문)
· 方(모   방)

필순 一 ｢ ｢ 㠪 㞢 申 車 東 東

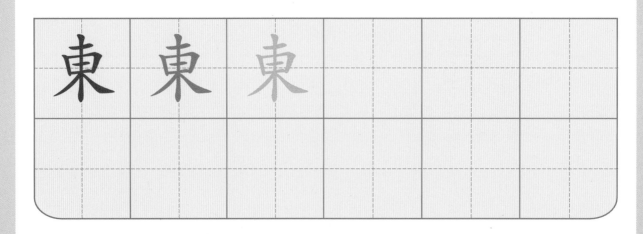

중국	일본
军	軍

군사	군
車부	총9획

글자의 유래   둘러싸고(勻= 勹= 宀) 수레(車)를 호위하는 '군사' '군대'를 뜻한다.

활용 단어
· 軍人(군인) : 군대에 소속된 사람.
· 國軍(국군) : 우리 나라의 군대.

· 車(수레   거)
· 勻(적을   균)
· 國(나라   국)

필순   ' 冖 冖 冃 冒 官 宣 軍

軍　軍　軍

중국	일본
兄	兄

검정 8급

형	형
맏	형
儿부	총5획

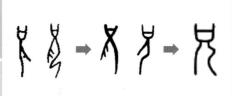

글자의 유래 입(口)을 벌려 무리의 안녕을 위해 제사를 주관하는 **사람**(儿)인 '**형**'을 뜻한다.

활용 단어
· 兄夫(형부) : 언니의 남편.
· 父兄(부형) : 아버지와 형.

· 儿(어진사람 인)
· 夫(사내   부)
· 父(아비   부)

필순 丶 丨 冂 口 尸 兄

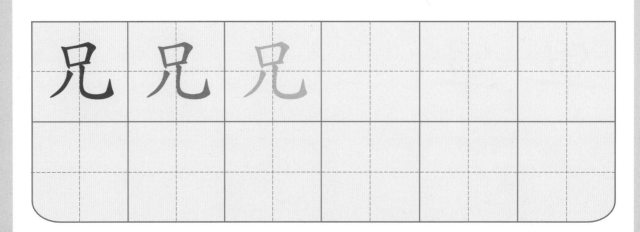

중국	일본
学	学

배울	학
子부	총16획

글자의 유래 두 손(臼)으로 줄을 **엮어**(爻) 독립하여 살아갈 **집**(宀=冖) 짓는 법을 **아이**(子) 가 '**배움**'을 뜻한다.

활용 단어
· 學校(학교) : 일정한 교육 목표 아래 교육하는 기관.
· 學生(학생) : 학교에서 공부하는 사람.

· 臼(양손   국)
· 校(학교   교)
· 生(날   생)

필순 ` ´ ˊ ˡ ˡ ˡ ˡ ˡ ˡ ˡ ˡ ˡ ˡ 與 學 學 學

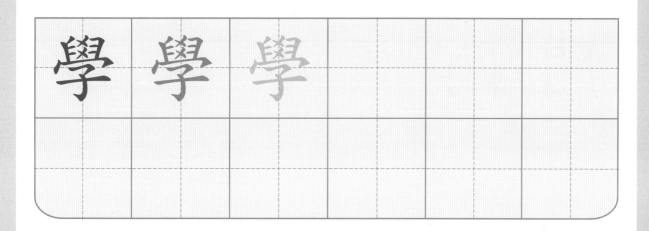

學　學　學

중국	일본
门	門

진흥 8급 검정 8급

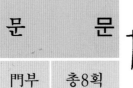

문	문
門부	총8획

글자의 유래 한 쌍의 문(門)으로 대부분 '문' '집안'을 뜻한다. 한쪽 '문'을 나타내는 자는 戶(문 호)이다.

활용 단어
· 門前(문전) : 문 앞.
· 後門(후문) : 뒷문.

· 前(앞 전)
· 後(뒤 후)

필순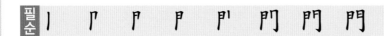

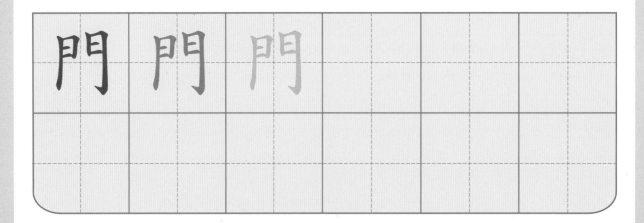

중국	일본
日	日

진흥 8급 검정 8급

날	일
日부	총4획

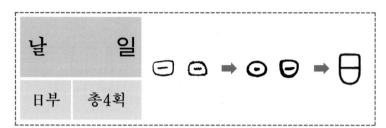

글자의 유래 밝은 **태양**(☉)의 모양으로, '**해**' '**날**' '**시간**'과 관계있다. 납작한 모양의 日(말할 왈)과 혼동하기 쉽다.

활용 단어
· 日記(일기) : 매일 적은 개인의 기록.
· 每日(매일) : 그날그날.

· 記(기록할 기)
· 每(매양 매)

필순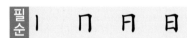

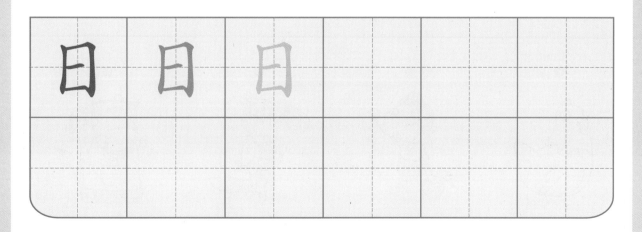

🍎 엄마를 찾아 주세요!

아기 동물들이 엄마를 잃어버려 엉엉 울고 있어요.
엄마에게 갈 수 있도록 아기 동물들 앞에 쓰인 한자와 관계 있는 것끼리
선으로 연결해 주세요.

문 문   나무 목   날 일   군사 군

🍎 공주를 구해 주세요! 스티커

용감한 왕자가 마녀의 성에 갇힌 공주를 구하러 가요.
바닥에 적힌 한자의 뜻과 음에 해당하는 물 위의 한자를 찾아
길 스티커를 붙여 왕자를 도와 주세요.

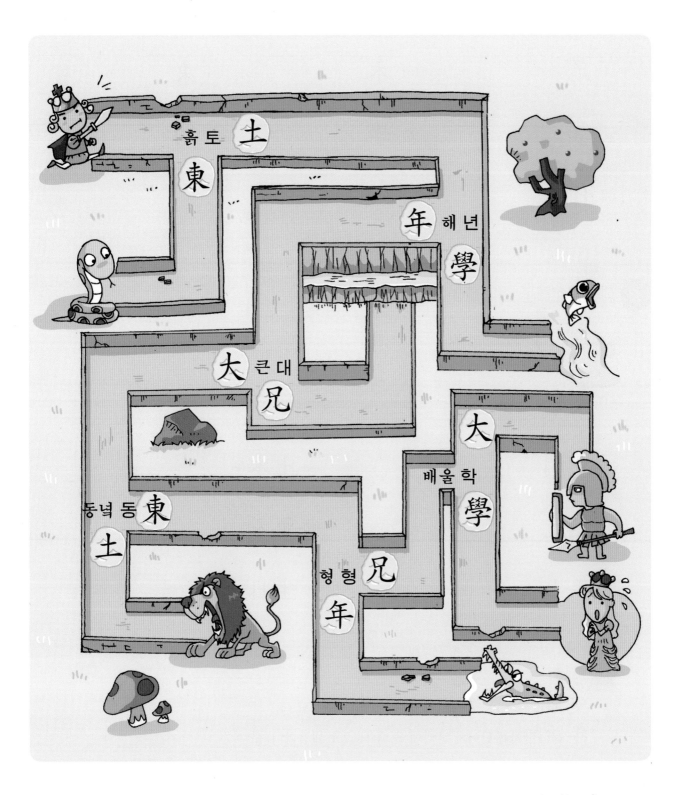

1 다음 漢字(한자)의 訓(훈)과 音(음)을 쓰세요.

보기 天 하늘 천

(1) 土 〔　　　　〕　　(2) 年 〔　　　　〕　　(3) 大 〔　　　　〕

(4) 兄 〔　　　　〕　　(5) 木 〔　　　　〕　　(6) 東 〔　　　　〕

(7) 軍 〔　　　　〕　　(8) 學 〔　　　　〕　　(9) 門 〔　　　　〕

(10) 日 〔　　　　〕

2 다음 漢字語(한자어)의 讀音(독음)을 쓰세요.

보기 大人 대인

(1) 大學 〔　　　　〕　　　　(2) 學年 〔　　　　〕

(3) 東門 〔　　　　〕　　　　(4) 土木 〔　　　　〕

(5) 父兄 〔　　　　〕　　　　(6) 軍人 〔　　　　〕

(7) 年上 〔　　　　〕　　　　(8) 生日 〔　　　　〕

도움말

　父 (아비 부)　人 (사람 인)　上 (윗 상)　生 (날 생)
　年 (해 년)자는 단어의 맨 앞에 올 때 '연'으로 발음합니다.

3 다음 밑줄 친 漢字語(한자어)의 讀音(독음)을 例(예)에서 찾아 그 기호를 쓰세요.

例(예)	㉠ 동문	㉡ 대학	㉢ 학년	㉣ 토목

(1) 형은 **大學**생입니다. ·························· (   )

(2) 동생은 일**學年** 신입생입니다. ················ (   )

(3) 학교 옆에 **土木** 공사가 한창입니다. ········· (   )

(4) 해가 뜨는 쪽에 **東門**이 있습니다. ·············· (   )

4 다음 漢字(한자)는 무슨 뜻이며 어떤 소리(음)로 읽을까요?
例(예)에서 찾아 그 기호를 쓰세요.

例(예)	㉠ 형	㉡ 배우다	㉢ 크다	㉣ 일
	㉤ 나무	㉥ 토	㉦ 동	㉧ 군사

(1) **軍**은 [   ] 의 뜻입니다.

(2) **大**는 [   ] 의 뜻입니다.

(3) **學**은 [   ] 의 뜻입니다.

(4) **木**은 [   ] 의 뜻입니다.

(5) **土**는 [   ] 라고 읽습니다.

(6) **兄**은 [   ] 이라고 읽습니다.

(7) **日**은 [   ] 이라고 읽습니다.

(8) **東**은 [   ] 이라고 읽습니다.

중국	일본
白	白

진흥 8급

흰	백
白부	총5획

글자의 유래　흰 '쌀'이나 '엄지손톱' '빛'모양으로, '희다' '깨끗함'을 뜻한다.

활용 단어
- 白金(백금) : 은백색의 귀금속 원소.
- 白紙(백지) : 흰 빛깔의 종이.

- 金(쇠　　금)
- 紙(종이　　지)

필순　' ⺁ ⺁ 白 白

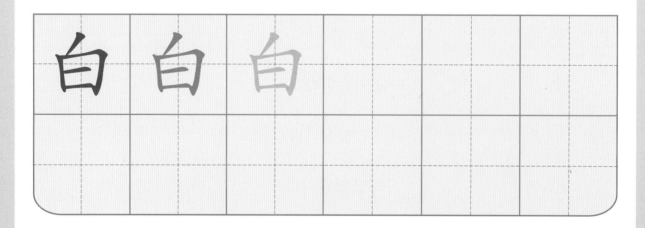

중국	일본
韩	韓

한국 한(ː)
나라 한(ː)

| 韋부 | 총17획 |

글자의 유래 뜨는 해에(倝=𠦝) 감싸인(韋) 아름다운 동방의 나라인 '한국'을 뜻한다.

활용 단어
• 韓國(한국) : 대한민국의 줄임말.
• 韓食(한식) : 우리 나라 고유의 음식이나 식사.

• 韋(가죽 위)
• 國(나라 국)
• 食(밥 식)

필순 一 十 士 古 古 古 吉 卓 卓 卓 乾 乾 乾 韓 韓 韓 韓

韓	韓	韓			

중국	일본
月	月

진흥 8급 검정 8급

달	월
月부	총4획

글자의 유래 하늘에 뜨는 밝은 초승달 모양의 둥글지 않은 **달(☾)** 모습을 나타낸 글자로 '**달**'을 뜻한다. 고기육(肉)의 변형인 육(月: 육달월)은 주로 '**신체부위**'를 나타낸다.

활용 단어
· 月出(월출) : 달이 떠오름.
· 月色(월색) : 달빛.

· 出(날　　출)
· 色(빛　　색)

필순 ノ 刀 月 月

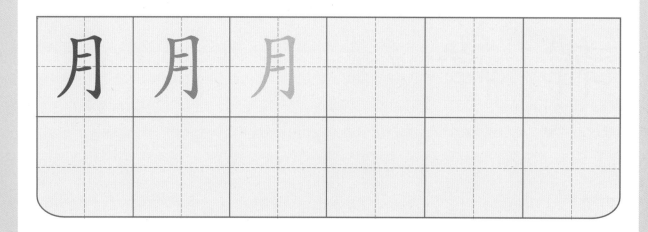

北

중국	일본
北	北

검정 8급

북녘	북
달아날	배
ヒ부	총5획

글자의 유래 두 사람(ㅆ)이 서로 등지고 앉아있는 모양으로, 해를 등진 '**북쪽**'이나 '**달아남**'을 뜻한다. '**달아나다**'로 쓰일 때는 '**배**'로 읽는다.

활용 단어
· 北韓(북한) : 휴전선 이북의 한국.
· 北海(북해) : 북쪽의 바다.

· 韓(한국   한)
· 海(바다   해)

필순 一 ㅓ ㅓ ㅗ 北

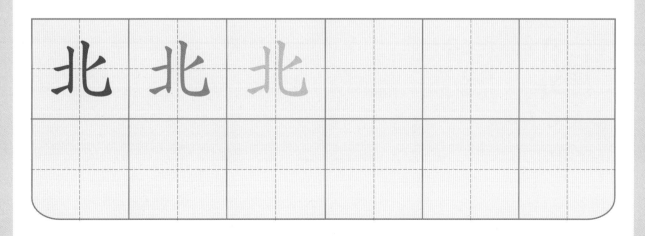

北　北　北

중국	일본
国	国

나라	국
口부	총11획

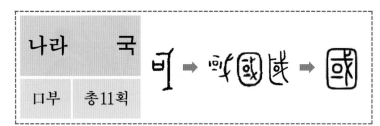

글자의 유래 국경의 둘레를 **에워(口)**싸고 **창(戈)**으로 **경계(口)**의 **땅(一)**을 **혹시(或)**라도 해서 지키는 구역인 '**나라**'를 뜻한다.

활용 단어
- 國家(국가) : 일정한 영토와 국민이 있는 통치 조직.
- 國語(국어) : 자기 나라의 말.

- 戈(창　　과)
- 家(집　　가)
- 語(말씀　어)

필순  丨 冂 冂 冂 冋 冋 冏 國 國 國 國

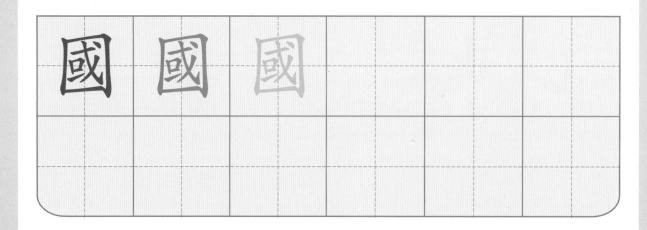

중국	일본
中	中

진흥 8급

가운데 중

ㅣ부	총4획

글자의 유래 거주지(口) 중앙에 세운 깃대(ㅣ)에서 '가운데'를 뜻한다.

활용 단어
- 中間(중간) : 두 사물이나 현상의 사이.
- 中心(중심) : 한가운데. 한복판.

- 間(사이　간)
- 心(마음　심)

필순 ㅣ 口 口 中

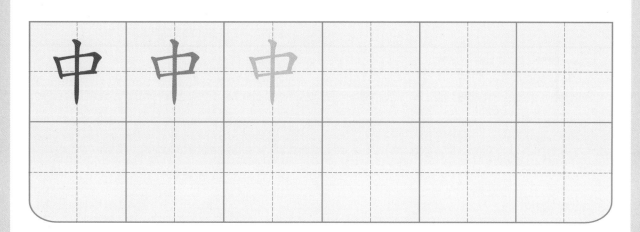

중국	일본
寸	寸

마디 촌:

寸부	총3획

글자의 유래 손(寸)목 손가락 한 마디 아래 부분 맥(丶)이 뛰는 곳을 집는 데서 '마디' '법'을 뜻한다. 마음, 양심, 법과 관계가 있다.

활용 단어
· 三寸(삼촌) : 아버지의 형제.
· 寸數(촌수) : 친척 간의 멀고 가까운 관계를 나타내는 수.

· 三(석 삼)
· 數(셈 수)

필순 一 十 寸

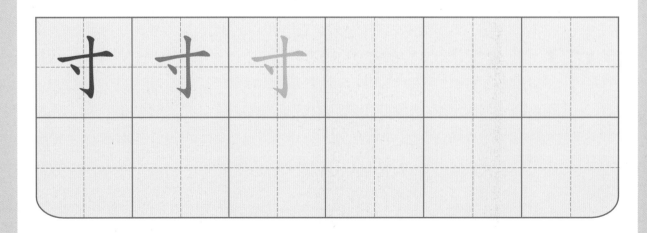

弟

중국	일본
弟	弟

검정 8급

아우	제 :	
弓부	총7획	

글자의 유래 주살(弋=丫)에 활(弓)처럼 '차례'로 감은 줄 끝(ノ)에서 '아우'를 뜻한다.

활용 단어
· 兄弟(형제) : 형과 아우.
· 弟子(제자) : 스승의 가르침을 받는 사람.

· 兄(형   형)
· 子(아들   자)

필순 ` ` ` ` ` ` 弟 弟

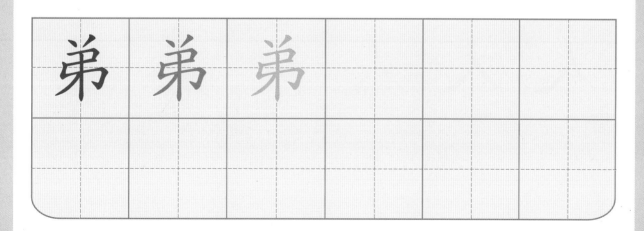

弟　弟　弟

중국	일본
人	人

진흥 8급 | 검정 8급

사람	인	$\mathcal{W}$ → $\mathcal{T}$ → $\mathcal{R}$
人부	총2획	

글자의 유래 사람이 옆으로 **선 모양**(ㅣ)에서 '**사람**' '남'을 뜻한다. 사람과 관계되는 글자에 많이 쓰인다.

활용 단어
· 人間(인간) : 사람. 인류.
· 人工(인공) : 사람의 힘으로 만들어 내는 일.

· 間(사이   간)
· 工(장인   공)

필순 ノ 人

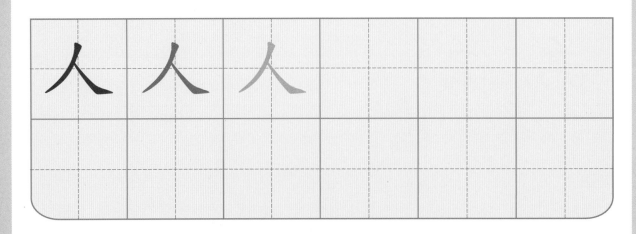

중국	일본
金	金

검정 8급

쇠	금
성	김
金부	총8획

글자의 유래 거푸집 모양으로, 쇳를 녹여 무기를 만드는 '**쇠**' '**금**'을 뜻한다. 사람의 성씨(姓氏)로 쓰일 때는 '**김**'으로 읽는다.

활용 단어
· 出金(출금) : 돈을 내어 쓰거나 내어 줌.
· 金石(금석) : 쇠붙이와 돌. 매우 굳고 단단한 것을 비유함.

· 出(나갈　출)
· 石(돌　석)

필순 ノ 人 ハ 스 仐 仐 仐 金 金

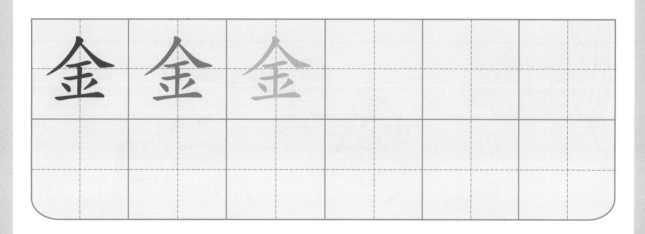

알록달록 이불 색칠하기

개미들이 한겨울에 덮을 이불을 만들고 있어요.
색칠된 칸에 제시된 한자와 이에 알맞은 뜻과 음이 있는 칸을 찾아
똑같은 색으로 색칠하며 개미와 함께 알록달록 이불을 만들어 보세요.

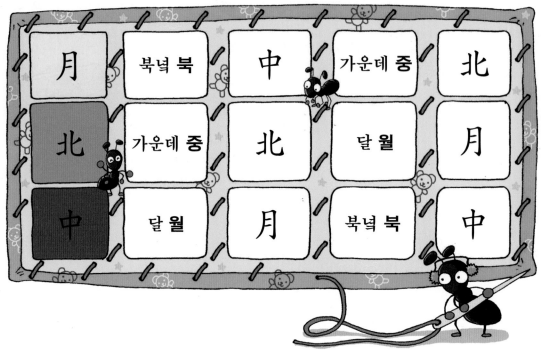

두 눈을 크게 뜨고 찾아봐요 스티커

그림 속에서 白, 寸, 人자를 찾은 다음,
그 뜻과 음이 적힌 한자 스티커를 그 옆에 붙여 주세요.

🍎 한자 나와라 뚝딱! 스티커

무슨 한자가 나올까요? 그림을 보면서 상상하며 선을 따라 접어 보세요.
그런 다음 나온 한자의 뜻과 음을 큰 소리로 말하며
알맞은 스티커를 붙여 보세요.

안으로 접는 선

밖으로 접는 선

확인 학습 문제

1 다음 漢字(한자)의 訓(훈)과 音(음)을 쓰세요.

> 보기 文 [글월 문]

(1) 白 [   ]   (2) 韓 [   ]   (3) 月 [   ]

(4) 北 [   ]   (5) 寸 [   ]   (6) 弟 [   ]

(7) 人 [   ]   (8) 金 [   ]   (9) 中 [   ]

(10) 國 [   ]

2 다음 밑줄 친 漢字語(한자어)의 讀音(독음)을 쓰세요.

> 보기 우리 가족은 동산에서 <u>月出</u>을 구경하였다. ....(월출)

(1) 누나는 <u>白金</u>으로 된 반지를 좋아한다. ....(   )

(2) 형은 <u>中學</u>생이다. ....(   )

(3) 아버지의 동생이 나의 <u>三寸</u>이다. ....(   )

(4) 내 친구는 <u>兄弟</u>가 많다. ....(   )

(5) 중국과 <u>北韓</u>은 두만강을 사이에 두고 있다. ....(   )

(6) 독도는 <u>韓國</u>의 영토이다. ....(   )

(7) 우리 집은 학교와 놀이터 <u>中間</u>에 있다. ....(   )

(8) 나는 <u>每日</u> 일기를 쓴다. ....(   )

3 다음 漢字(한자)의 유래를 例(예)에서 찾아 그 기호를 쓰세요.

例
(예)
⊙ 손목에서 맥박이 뛰는 곳까지를 표시한 한자.
⊙ 사람이 서로 등지고 앉아 있는 글자로, 북쪽을 뜻하는 한자.
⊙ 달의 모양을 보고 만든 한자.
⊙ 사람이 서 있는 모양을 보고 만든 한자.

(1) 北 ☐ (2) 寸 ☐

(3) 人 ☐ (4) 月 ☐

4 다음 漢字(한자)는 무슨 뜻이며 어떤 소리(음)로 읽을까요?
例(예)에서 찾아 그 기호를 쓰세요.

例
(예)
⊙ 한 ⊙ 달 ⊙ 제 ⊙ 나라
⊙ 금 ⊙ 가운데 ⊙ 사람 ⊙ 백

(1) 月 은 ☐ 의 뜻입니다.

(2) 國 은 ☐ 의 뜻입니다.

(3) 中 은 ☐ 의 뜻입니다.

(4) 人 은 ☐ 의 뜻입니다.

(5) 白 은 ☐ 이라고 읽습니다.

(6) 金 은 ☐ 이라고 읽습니다.

(7) 韓 은 ☐ 이라고 읽습니다.

(8) 弟 는 ☐ 라고 읽습니다.

중국	일본
水	水

진흥 8급 | 검정 8급

물	수
水부	총4획

글자의 유래 '물'이 흐르는 **모양**( )으로 '**강 이름**'이나 '**물**'과 관계있는 한자에 쓰이며, 변으로 쓰일 때는 氵(삼 수)가 된다.

활용 단어
· 水門(수문) : 물의 양을 조절하는 문.
· 水平(수평) : 잔잔한 물같이 평평한 모양.

· 門(문 문)
· 平(평평할 평)

필순 丿 亅 가 水 水

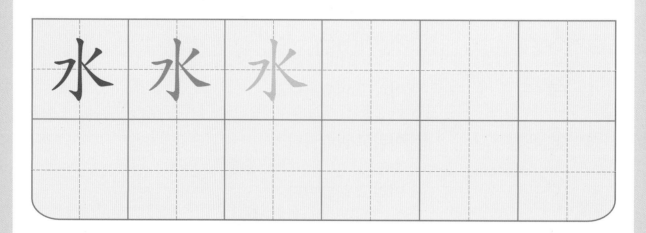

중국	일본
教	教

가르칠 교 :

攵부 　　총11획

글자의 유래 독립할 집을 **엮는(爻) 아이(子)**를 잘 **다스려(攵)** '**가르침**'을 뜻한다. 산가지(爻)를 들고 셈하는 아이(子)를 다스려(攴=攵) 가르친다고도 한다.

활용 단어
- 教室(교실) : 수업에 쓰이는 방.
- 教生(교생) : '교육 실습을 하는 학생'의 줄임말.

- 爻(점괘　효)
- 室(집　실)
- 生(날　생)

필순 ノ　メ　ㅗ　爻　爻　孝　孝　孝　孝　教　教

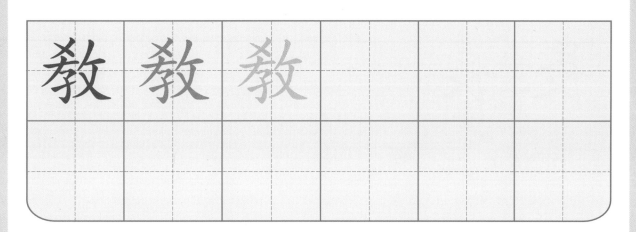

중국	일본
长	長

긴 　 장(ˇ)
어른 장(ˇ)

長부	총8획

글자의 유래　머리가 긴 노인이 지팡이를 들고 서 있는 모양에서 '길다' '어른'을 뜻한다.

활용 단어
- 長女(장녀) : 맏딸. 큰딸.
- 所長(소장) : 연구소, 사무소 등의 '소(所)'자가 붙은 기관의 책임자.

- 女(계집　녀)
- 所(바　　소)

필순　丨　丆　丆　丅　丰　丰　長　長

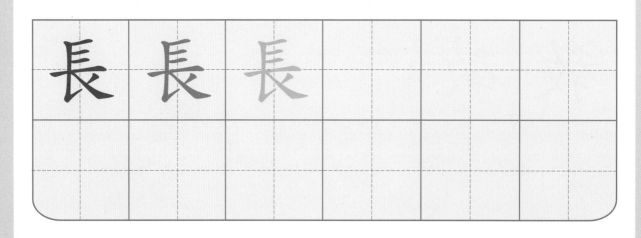

중국	일본
王	王

진흥 8급

임금	왕	
玉부	총4획	

글자의 유래 넓적하고 큰 자루를 끼지 않은 **도끼 모양**(王)으로 권력을 상징하여 '**왕**'을 뜻한다. 변에 '王'이 있으면 '玉(옥)'의 변형이다.

활용 단어
· 王子(왕자) : 임금의 아들.
· 國王(국왕) : 나라의 임금.

· 子(아들　자)
· 國(나라　국)

필순 一 二 干 王

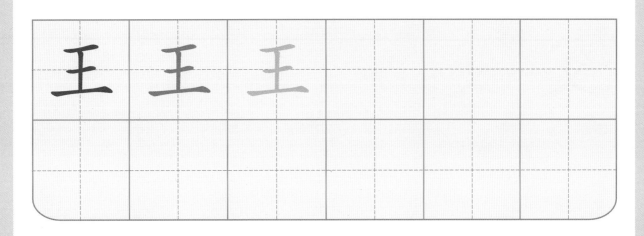

중국	일본
父	父

진흥 8급 검정 8급

아비	부
아버지	부
父부	총4획

글자의 유래 사냥도구(八)를 손(又=乀)에 들고 사냥하는 '아비' '아버지'를 뜻한다.

활용 단어
· 父母(부모) : 아버지와 어머니.
· 父子(부자) : 아버지와 아들.

· 母(어미   모)
· 子(아들   자)

필순 ╯ ╯ ╯ 父

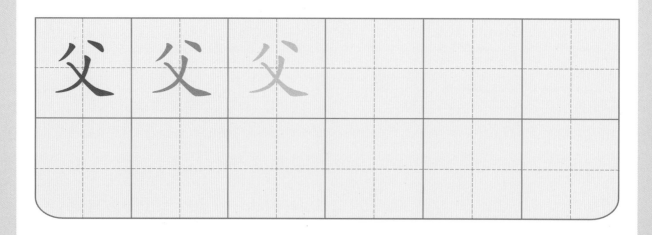

父 父 父

중국	일본
校	校

학교 교ː	
木부	총10획

글자의 유래 나무(木)를 엇갈려(交) 만든 죄인을 묶어두는 '**형틀**'로, 지금은 사람을 '**바로잡아**' 주는 '**학교**'로도 쓰인다.

활용 단어
- 校長(교장) : 학교를 대표하는 사람.
- 校門(교문) : 학교의 정문.

- 交(사귈 교)
- 長(어른 장)
- 門(문 문)

필순 一 十 十 才 木 术 扩 栌 栌 校 校

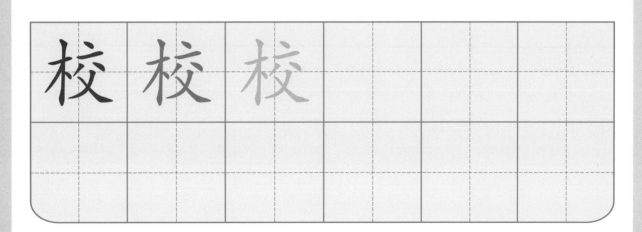

중국	일본
女	女

진흥 8급 검정 8급

계집	녀
女부	총3획

글자의 유래 두 손이 묶여 잡혀온 **노예**나 '**여자**'에서 '**계집**'을 뜻한다. 여자와 관계되는 글자에 쓰인다.

활용 단어
• 女王(여왕) : 여자 임금.
• 女人(여인) : 어른이 된 여자.

• 王(임금   왕)
• 人(사람   인)

필순 ㄑ ㄑ 女

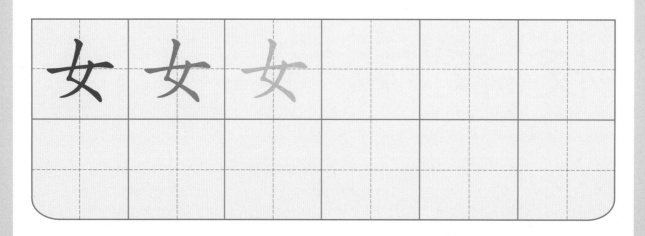

중국	일본
母	母

진흥 8급 | 검정 8급

어미 모:
어머니모:

母부	총5획

글자의 유래 여자(女) 가슴에 두 점(ヽ)을 표해, 아이를 낳아 젖을 주는 '**어머니**' 아이의 '**어미**'를 뜻한다.

활용 단어
· 母校(모교) : 자기가 다니거나 졸업한 학교.
· 母女(모녀) : 어머니와 딸.

· 女(계집   녀)
· 校(학교   교)

필순 乚 母 母 母 母

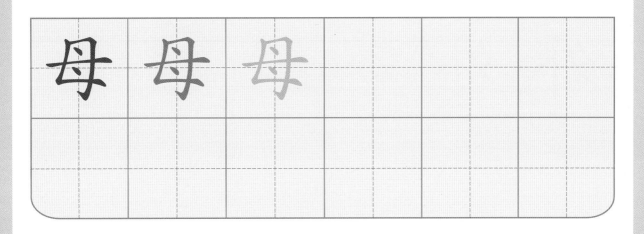

48 · 한자익히기

外

중국	일본
外	外

바깥 외 :	
夕부	총5획

글자의 유래 저녁(夕)에 밖에서 점(卜)치는 데서 '바깥'을 뜻한다.

활용 단어
· 外出(외출) : 밖으로 일보러 나감.
· 外國(외국) : 자기 나라 이외의 다른 나라.

· 卜(점 복)
· 出(날 출)
· 國(나라 국)

필순 ノ ク タ 列 外

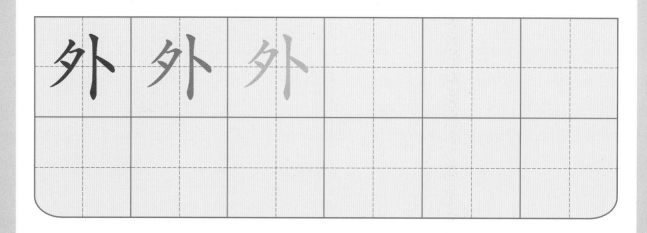

중국	일본
西	西

검정 8급

서녘	서
襾부	총6획

글자의 유래 대소쿠리나 **새둥지 모양**(㟷)으로, 서쪽인 '**서녘**' '**서쪽**'으로 쓰인다. 해가 서산으로 기울 때 새가 새집 위에 깃든다 하여 '**서쪽**'으로 썼다고도 한다.

활용 단어
· 西天(서천) : 서쪽 하늘.
· 西海(서해) : 서쪽에 있는 바다.

· 天(하늘   천)
· 海(바다   해)

필순 一 一 厂 厄 两 两 西

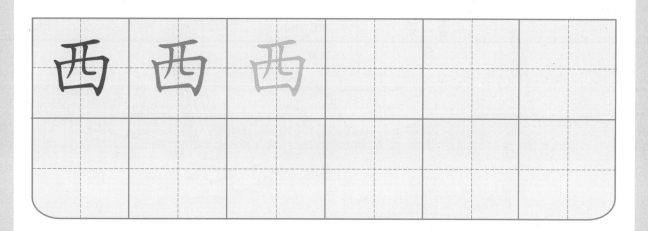

03 과 : 한자 즐기기

🍎 누가누가 먼저 산에 올라갈 수 있을까요? 스티커

맑은 공기를 마시며, 산에 올라가 보세요.
놀이 방법을 잘 읽고, 친구 또는 엄마 아빠와 놀이해 보세요.

놀이 방법

1. 토끼와 다람쥐 스티커를 선을 따라 접어 붙여 놀이말을 만든다.

2. 자기 말을 정한 다음 출발 칸에 올려놓는다.

3. 가위바위보를 해서 이긴 사람이 다음과 같이 앞으로 움직인다.

· 가위(✌)로 이기면 1칸

· 바위(✊)로 이기면 2칸

· 보(🖐)로 이기면 3칸

4. 이동한 칸에 나온 한자의 음과 훈을 바르게 말하면 그 자리로 이동할 수 있다.

5. 먼저 산꼭대기에 도착해 깃발 스티커를 붙인 사람이 놀이에서 이긴다.

1 다음 訓(훈)과 音(음)에 맞는 漢字(한자)를 例(예)에서 찾아 그 기호를 쓰세요.

例 (예)	㉠ 水	㉡ 敎	㉢ 長	㉣ 王	㉤ 父
	㉥ 校	㉦ 女	㉧ 母	㉨ 外	㉩ 西

(1) 학교 교 ☐   (2) 아비 부 ☐

(3) 어미 모 ☐   (4) 계집 녀 ☐

(5) 긴 장 ☐   (6) 서녘 서 ☐

(7) 가르칠교 ☐   (8) 물 수 ☐

(9) 임금 왕 ☐   (10) 바깥 외 ☐

2 다음 밑줄 친 漢字語(한자어)의 讀音(독음)을 쓰세요.

보기	도시 <u>學校</u>는 학생이 많다. ⋯⋯⋯⋯⋯⋯⋯ (학교)

(1) 장마 때는 <u>水門</u>을 열어 놓습니다. ⋯⋯⋯⋯⋯ (   )

(2) 학교의 가장 어른은 <u>校長</u> 선생님입니다. ⋯⋯⋯ (   )

(3) 나는 우리 집안의 첫째 딸인 <u>長女</u> 입니다. ⋯⋯ (   )

(4) <u>國王</u> 은 나라의 임금입니다. ⋯⋯⋯⋯⋯⋯⋯ (   )

(5) 학교의 정문은 <u>校門</u> 입니다. ⋯⋯⋯⋯⋯⋯⋯ (   )

(6) 자기가 졸업한 학교를 <u>母校</u> 라고 합니다. ⋯⋯⋯ (   )

(7) 경복궁에는 <u>外國人</u> 관광객이 많습니다. ⋯⋯⋯ (   )

3 다음 漢字(한자)에 알맞은 뜻을 例(예)에서 찾아 그 기호를 쓰세요.

例 (예)	㉠ 아버지	㉡ 임금	㉢ 학교	㉣ 아우	㉤ 물	㉥ 여자

(1) 校 [　　　]

(2) 弟 [　　　]

(3) 水 [　　　]

(4) 父 [　　　]

(5) 女 [　　　]

(6) 王 [　　　]

4 다음 漢字(한자)가 뜻하는 것을 例(예)에서 찾아 그 기호를 쓰세요.

例
(예)
㉠ '가르치다'로 쓰이는 한자.
㉡ '밖'으로 쓰이는 한자.
㉢ '길다' '어른'의 뜻으로 쓰이는 한자.
㉣ '물'이 흐르는 모양을 본뜬 한자.
㉤ '임금'을 나타내는 한자.
㉥ '여자' 어른의 모습을 본뜬 한자.
㉦ '서쪽'을 나타내는 한자.
㉧ '어머니'를 뜻하는 한자.

(1) 外 [　　　]

(2) 水 [　　　]

(3) 女 [　　　]

(4) 王 [　　　]

(5) 敎 [　　　]

(6) 母 [　　　]

(7) 長 [　　　]

(8) 西 [　　　]

중국	일본
一	一

진흥 8급 검정 8급

한	일
一부	총1획

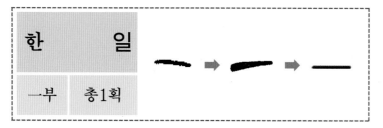

글자의 유래 물건 **하나**(一)에서 '**하나**'를 뜻하며, 일의 '**시초**' '**처음**'을 뜻한다.

활용 단어
· 一家(일가) : 한집안. 한가족.
· 同一(동일) : 다른 데가 없이 똑같음.

· 家(집   가)
· 同(한가지 동)

필순 一

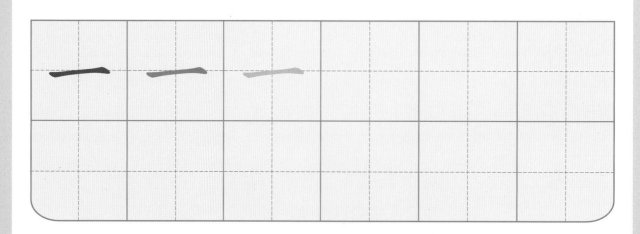

중국	일본
二	二

진흥 8급 검정 8급

두	이ː
二부	총2획

글자의 유래 물건 둘(二)을 놓아 '둘' '같음'이나, 때로 **하늘과 땅**을 뜻한다.

활용 단어
· 二重(이중) : 겹침. 두 겹.
· 二月(이월) : 한 해의 둘째 달.

· 重(무거울 중)
· 月(달   월)

필순 一 二

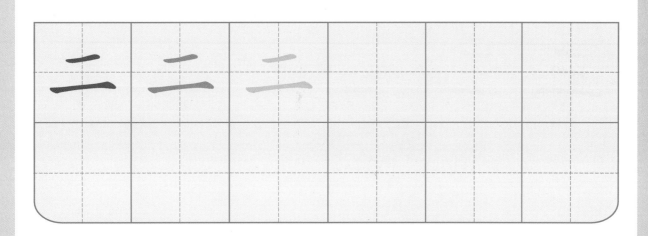

중국	일본
三	三

진흥 8급 검정 8급

석	삼
一부	총3획

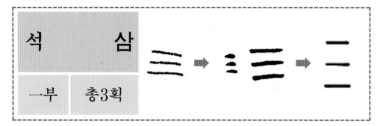 

글자의 유래 주살(弋) 셋(三)인 '셋(弎)'으로, 물건 셋에서 '삼'을 뜻한다. '**여러 차례**'라는 뜻으로도 쓰인다.

활용 단어
· 三世(삼세) : 삼대(아버지와 아들과 손자의 세 대).
· 三國(삼국) : 고구려, 백제, 신라의 세 나라.

· 世(세상   세)
· 國(나라   국)

필순 一 二 三

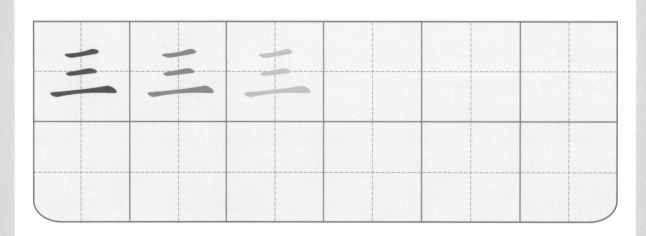

중국	일본
四	四

진흥 8급 | 검정 8급

넉	사:
口부	총5획

글자의 유래 네 줄, 또는 짐승 머리모양이나 **콧물**이 갈라져 나오는 모양으로, 숫자 '**넷**'인 '넉'으로 쓰인다.

활용 단어
· 四寸(사촌) : 아버지 형제의 아들과 딸.
· 四面(사면) : 전후좌우의 모든 방면.

· 寸(마디　촌)
· 面(낯　면)

필순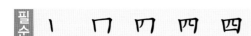

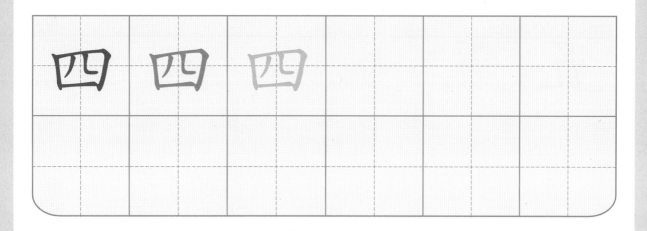

중국	일본
五	五

진흥 8급 검정 8급

다섯 오ː	
二부	총4획

五 → 五 → 五

글자의 유래 가로줄 다섯 개, 또는 물건이 **교차한**(⋈·✕) 중간에서 숫자 중간인 '**다섯**'을 뜻한다.

활용 단어
· 五福(오복) : 다섯 가지 복.
· 五色(오색) : 빨강, 파랑, 노랑, 하양, 검정의 다섯 가지 빛깔.

· 福(복 복)
· 色(빛 색)

필순 一 丁 丂 五

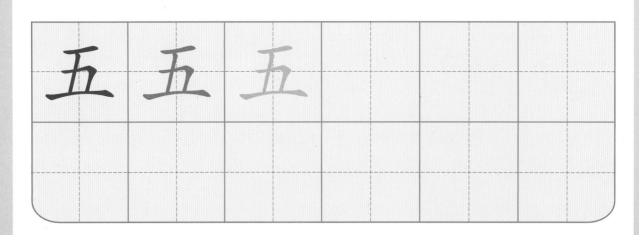

五 五 五

중국	일본
六	六

진흥 8급 검정 8급

여섯	룍
八부	총4획

글자의 유래 지붕(亠)과 육 면으로 **나뉘어**(八) 쌓인 유목민의 집 모양에서 '**여섯**'을 뜻한다.

활용 단어
· 六十(육십) : 그 수량이 예순임을 나타낸 말.
· 六角形(육각형) : 여섯 개의 직선으로 둘러싸인 평면형.

· 十(열   십)
· 角(뿔   각)
· 形(모양   형)

필순 ` 亠 六 六

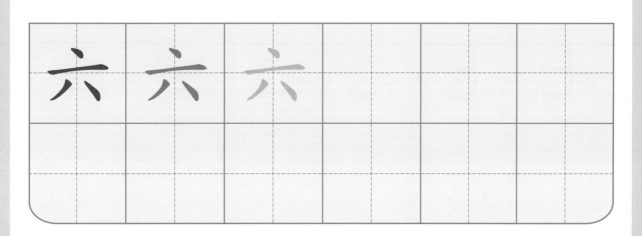

중국	일본
七	七

진흥 8급 검정 8급

일곱	칠
一부	총2획

글자의 유래 물건(一)을 자름(丨=乚)으로, 음이 같아 '칠' '자름'을 뜻한다.

활용 단어
- 七色(칠색) : 일곱 가지 빛깔.
- 七夕(칠석) : 음력 7월 7일 밤. 견우와 직녀가 오작교에서 만난다는 밤.

- 十(열　　십)
- 色(빛　　색)
- 夕(저녁　석)

필순 一 七

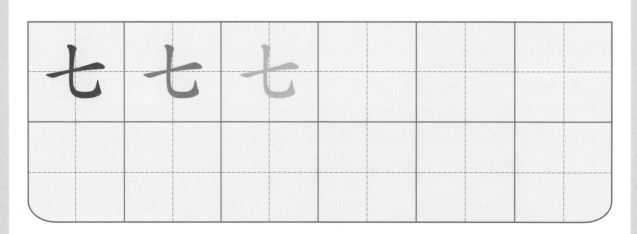

중국	일본
八	八

진흥 8급 검정 8급

여덟	팔
八부	총2획

)(X(➡ 八儿 ➡)(

글자의 유래 양쪽으로 '**나누어**)(' **분별함**을 뜻하며, 숫자 '**팔**'로 쓰인다.

활용 단어
- 八方(팔방) : 여덟 방향. 이곳저곳. 모든 방면.
- 八道(팔도) : 조선 시대에 국토를 여덟 개로 나눈 행정 구역.

- 方(모   방)
- 道(길   도)

필순 ノ 八

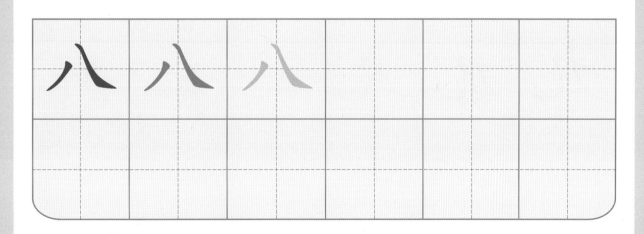

중국	일본
九	九

진흥 8급 검정 8급

아홉	구
乙부	총2획

글자의 유래   팔이나 물체가 많이 굽어짐에서, 숫자의 **많은 끝**인 '아홉'으로 쓰인다.

활용 단어
- 九秋(구추) : 가을철 90일 동안을 달리 이르는 말.
- 九死一生(구사일생) : 아홉 번 죽고 한 번 살아남. 죽을 고비를 겪고 겨우 살아남.

- 秋(가을   추)
- 死(죽을   사)
- 生(날   생)

필순 ノ 九

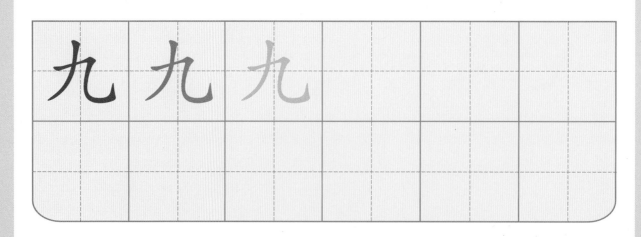

중국	일본
十	十

진흥 8급 검정 8급

열	십
十부	총2획

글자의 유래 숫자의 끝을 나타내는 **가로줄(|)**이나 나무 중간을 **묶어(ヽ=一)** '십'의 단위로 쓰인다.

활용 단어
· 十中八九(십중팔구) : 열 가운데 여덟이나 아홉.
· 十字(십자) : 十(열 십)자의 모양을 한 것.

· 中(가운데 중)
· 字(글자 자)

필순 一 十

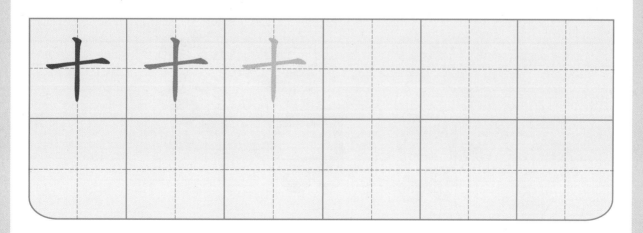

칙칙폭폭 숫자기차 스티커

동물 친구들이 칙칙폭폭 기차를 타고 달나라로 가고 있어요.
기차에 타고 있는 친구들의 숫자에 해당하는 한자 스티커를 붙여 주세요.
한자의 뜻과 음을 큰 소리로 말하면서요.

수가 들어간 말을 알아봐요 스티커

우리가 무심코 하는 말 속에 수를 나타내는 한자가 들어 있답니다.
어디에 들어 있는지 알아봐요.
또, 수를 의미하는 글자 위에 알맞은 한자 스티커도 붙여 보세요.

일월

한 해의 첫 번째 달을
의미해요.

삼각형

세 개의 점을 이어서
만든 도형을 말해요.

사거리

길이 한 곳에서
네 방향으로 갈라진
곳을 말해요.

오백원

100원짜리가 다섯 개
있는 것을 말해요.

북두칠성

일곱 개의 별이 모여
된 별자리를 말해요.

십계명

기독교에서 꼭 지켜야 할
열 가지 계명을 말해요.

1 다음 漢字(한자)와 관계 있는 것끼리 연결하세요.

(1) 一　　①석　삼　　㉠ ● ● ●

(2) 二　　②넉　사　　㉡ ● ● ● ●

(3) 三　　③한　일　　㉢ ● ● ● ● ●
　　　　　　　　　　　　　 ● ● ●

(4) 四　　④두　이　　㉣ ● ●

(5) 五　　⑤여덟 팔　　㉤ ● ● ● ● ●
　　　　　　　　　　　　　 ●

(6) 六　　⑥일곱 칠　　㉥ ●

(7) 七　　⑦다섯 오　　㉦ ● ● ● ● ●

(8) 八　　⑧여섯 륙　　㉧ ● ● ● ● ●
　　　　　　　　　　　　　 ● ● ● ● ●

(9) 九　　⑨열　십　　㉨ ● ● ● ● ●
　　　　　　　　　　　　　 ● ●

(10) 十　　⑩아홉 구　　㉩ ● ● ● ● ●
　　　　　　　　　　　　　 ● ● ● ●

2 다음 漢字(한자)의 訓(훈)과 音(음)을 쓰세요.

보기 天 하늘 천

(1) 一 ☐ (2) 二 ☐ (3) 三 ☐

(4) 四 ☐ (5) 五 ☐ (6) 六 ☐

(7) 七 ☐ (8) 八 ☐ (9) 九 ☐

(10) 十 ☐

3 다음 밑줄 친 漢字(한자)의 讀音(독음)을 쓰세요.

(1) 五월 五일은 어린이날입니다. ……… (   )

(2) 七월 七일은 칠석입니다. ……… (   )

(3) 三월 一일은 삼일절입니다. ……… (   )

(4) 一월 一일은 설날입니다. ……… (   )

(5) 十월 九일은 한글날입니다. ……… (   )

(6) 四월 五일은 식목일입니다. ……… (   )

(7) 六월 六일은 현충일입니다. ……… (   )

(8) 二월은 가장 짧은 달입니다. ……… (   )

(9) 八월 十五일은 광복절입니다. ……… (   )

(10) 十월 三일은 개천절입니다. ……… (   )

중국	일본
南	南

검정 8급

남녘	남
十부	총9획

글자의 유래 연주할 때 언제나 남쪽에 두던 옛날의 **악기**(🎵·🎵) 모양에서 '**남쪽**'을 뜻한다.

활용 단어
· 南海(남해) : 남쪽에 있는 바다.
· 南大門(남대문) : 서울에 있는 숭례문의 다른 이름.

· 海(바다 해)
· 大(큰 대)
· 門(문 문)

필순 一 十 十 冇 冇 南 南 南 南

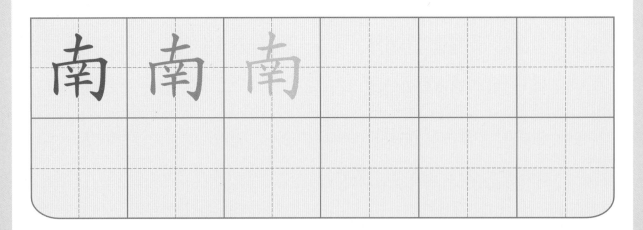

南	南	南			

중국	일본
民	民

백성	민
氏부	총5획

글자의 유래 뾰족한 무기로 눈을 찔린(◈·◈) '노예'에서 서민 '백성'을 뜻한다.

활용 단어
- 民主(민주) : 주권이 국민에게 있음.
- 農民(농민) : 농업에 종사하는 사람들.

- 主(주인   주)
- 農(농사   농)

필순 ㄱ ㄱ ㄹ ㄹ 民

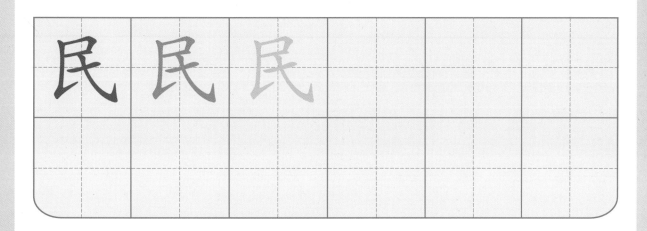

民　民　民

중국	일본
小	小

진흥 8급

작을 소:	
小부 · 총3획	

글자의 유래 작은 물건(小)을 뜻하며, '작고' '적음'을 뜻한다.

활용 단어
· 小便(소변) : 오줌.
· 小國(소국) : 작은 나라.

· 便(똥오줌 변)
· 國(나라 국)

필순 亅 小 小

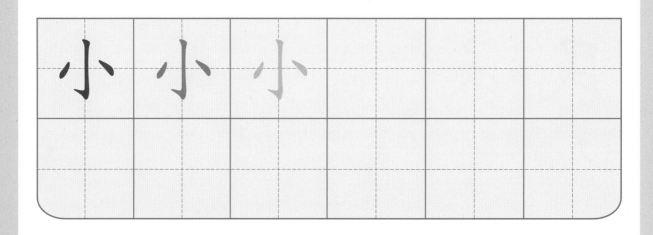

生

중국	일본
生	生

날	생
生부	총5획

글자의 유래 초목(Ψ=屮)이 땅(一)에서 싹터 자람에서 '낳다' '살다'를 뜻한다.

활용 단어
· 生日(생일) : 태어난 날.
· 生長(생장) : 나서 자라거나 큼.

· 日(날 일)
· 長(긴 장)

필순 ノ ノ ヒ 仁 牛 生

生 生 生

중국	일본
先	先

먼저	선
儿부	총6획

글자의 유래 발(止=儿)이 먼저 앞서간( ) 사람(儿)에서 '먼저'를 뜻한다.

활용 단어
· 先手(선수) : 남보다 먼저 손을 쓰는 일.
· 先生(선생) : 가르치는 사람.

· 儿 (어진사람 인)
· 手 (손 수)
· 生 (날 생)

필순 丿 ㇒ 牛 生 牛 先

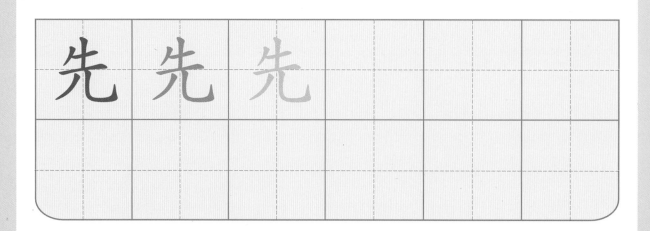

중국	일본
室	室

집	실
방	실
宀부	총9획

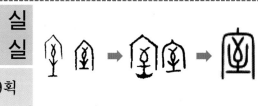

글자의 유래 사람이 밖에서 돌아와 **집(宀)**안에 **이르러(至)** 쉬는 방에서 '**집**' '**방**' '**아내**'를 뜻한다.

활용 단어
· 室內(실내) : 방 안. 집 안.
· 入室(입실) : 방에 들어감.

· 內(안 내)
· 入(들 입)

필순 `丶 冖 宀 宀 宕 宏 宓 室 室`

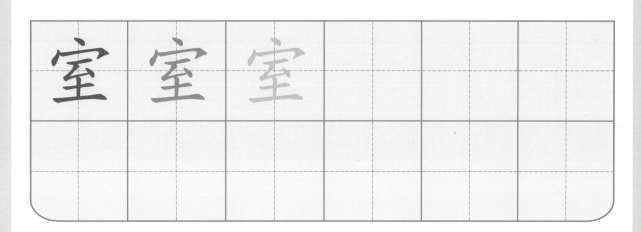

室　室　室

중국	일본
青	青

푸를	청
青부	총8획

글자의 유래 푸르게 자라는(生＝主) 우물(丼＝ﾅ＝円) 옆 초목에서 '푸름'을 뜻한다.

활용 단어
· 青年(청년) : 젊은 사람.
· 青山(청산) : 푸른 산.

· 生(날 생)
· 年(해 년)
· 山(메 산)

필순 一 二 ≠ 主 丰 青 青 青

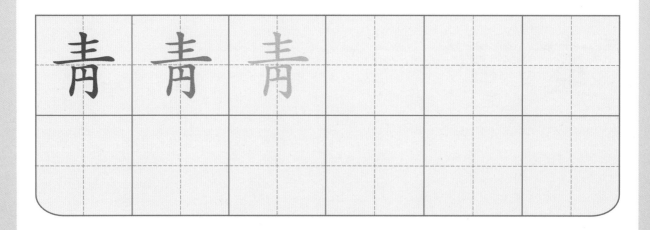

青 青 青

중국	일본
火	火

진흥 8급 검정 8급

불 화( )				
火부	총4획			

글자의 유래 불이 타오르는 모습(山·山·山)으로 '불'을 뜻한다. 글자 아래에 쓰일 때는 '灬'로 쓴다.

활용 단어
· 火山(화산) : 땅 속의 마그마가 나와 이루어진 산.
· 火力(화력) : 불의 힘. 불이 탈 때에 내는 열의 힘.

· 山(메   산)
· 力(힘   력)

필순 ` ` ` 丷 少 火

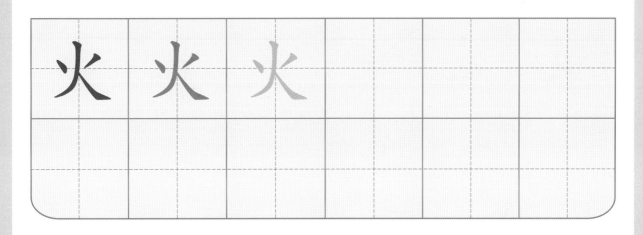

중국	일본
万	万

일만 만ː	
艹부	총13획

글자의 유래 '전갈'의 집게(艹)·몸통(田)·긴 꼬리(内)로 많은 수에서 '만'을 뜻한다.

활용 단어
- 萬人(만인) : 아주 많은 사람.
- 萬事(만사) : 모든 일.

- 内(짐승발자국유)
- 人(사람　　인)
- 事(일　　　사)

필순 `丶　十　艹　艹　艹　节　莒　莒　莒　莒　萬　萬　萬`

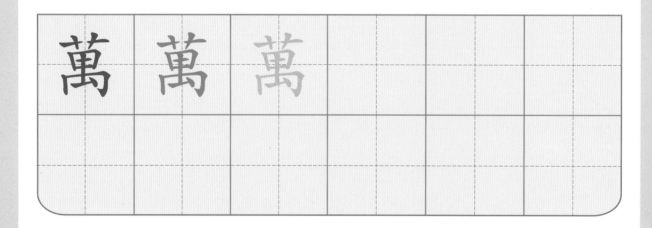

萬　萬　萬

중국	일본
山	山

진흥 8급

메	산
山부	총3획

글자의 유래 세 개의 산봉우리가 뚜렷한 '산'(㊙·㊙)을 뜻한다. 산의 이름이나 산과 관련한 지명에 많이 쓰인다.

활용 단어 · 登山(등산) : 산에 오름.
· 南山(남산) : 남쪽에 있는 산.

· 登(오를 등)
· 南(남녘 남)

필순 ㅣ 山 山

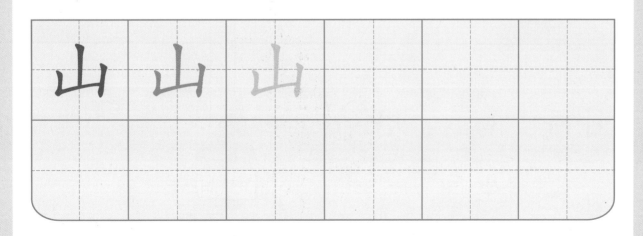

동물 친구들의 집을 찾아 주세요 스티커

동물 친구들이 말하는 소리를 잘 듣고,
스티커를 붙여 친구들을 모두 집으로 데려다 주세요.

떡을 좋아하는 호랑이 스티커

숲 속에 사는 호랑이는 떡을 아주 좋아한대요.
떡장수 할머니가 집에 무사히 갈 수 있도록
호랑이가 말한 한자가 써진 떡 스티커를 붙여 주세요.

확인 학습 문제

1 다음 漢字(한자)의 訓(훈)과 音(음)을 쓰세요.

> **보기** 國   나라 국

(1) 南 [　　　]　(2) 民 [　　　]　(3) 小 [　　　]

(4) 生 [　　　]　(5) 先 [　　　]　(6) 室 [　　　]

(7) 靑 [　　　]　(8) 火 [　　　]　(9) 萬 [　　　]

(10) 山 [　　　]

2 다음 밑줄 친 漢字語(한자어)의 讀音(독음)을 쓰세요.

> **보기** 나의 <u>生日</u>은 여름이다. .... (생일)

(1) 서울 시내 남쪽에 <u>南山</u>이 있다. .... (　　　)

(2) 어려울 때 <u>國民</u>들은 서로 돕는다. .... (　　　)

(3) 내 꿈은 초등학교 <u>先生</u>님이 되는 것이다. .... (　　　)

(4) 오늘 체육 수업은 <u>敎室</u>에서 한다. .... (　　　)

(5) 젊은 남자를 <u>靑年</u>이라고 한다. .... (　　　)

(6) <u>萬一</u>을 대비하여 넘어지지 않도록 조심해야 한다. ...... (　　　)

(7) 자기만 생각하는 사람을 <u>小人</u>이라고 한다. .... (　　　)

(8) 울릉도는 <u>火山</u> 섬이다. .... (　　　)

3 다음 漢字(한자)는 무슨 뜻이며 어떤 소리(음)로 읽을까요?
例(예)에서 찾아 그 기호를 쓰세요.

例 (예)	㉠먼저	㉡청	㉢집	㉣만
	㉤남쪽	㉥생	㉦작다	㉧민

(1) 小 는 [　　　] 의 뜻입니다.

(2) 先 은 [　　　] 의 뜻입니다.

(3) 室 은 [　　　] 의 뜻입니다.

(4) 南 은 [　　　] 의 뜻입니다.

(5) 民 은 [　　　] 이라고 읽습니다.

(6) 萬 은 [　　　] 이라고 읽습니다.

(7) 生 은 [　　　] 이라고 읽습니다.

(8) 靑 은 [　　　] 이라고 읽습니다.

4 다음 漢字(한자)가 뜻하는 것을 例(예)에서 찾아 그 기호를 쓰세요.

例 (예)	㉠산의 모양을 본뜬 한자.
	㉡불의 모양을 본뜬 한자.
	㉢작은 물체가 흩어져 있는 모양의 한자.
	㉣'집' '방'이라는 뜻의 한자.

(1) 室 [　　　]　　(2) 山 [　　　]

(3) 小 [　　　]　　(4) 火 [　　　]

附錄

진흥회, 검정회
추가 한자 익히기

중국	일본
男	男

검정 8급

사내 남ː	
田부	총7획

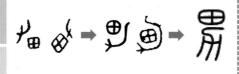

글자의 유래 밭(田)에 나가 쟁기(力)로 힘(力)써 밭을 가는 '**남자**'를 뜻한다.
* '力(력)'은 농기구 모양이다.

활용 단어
· 男女(남녀) : 남자와 여자.
· 男子(남자) : 남성인 사람.

· 女(계집　녀)
· 力(힘　　력)
· 子(아들　자)

필순 ㅣ 冂 口 曰 田 田 甲 男

男	男	男			

子

중국	일본
子	子

진흥 8급 검정 8급

아들	자
子부	총3획

글자의 유래 머리가 큰 **어린아이**(子) 모양으로, '자식' '아들' '새끼' 등을 뜻한다.

활용 단어
· 子女(자녀) : 아들과 딸.
· 父子(부자) : 아버지와 아들.

· 女(계집   녀)
· 子(아들   자)

필순 ㄱ 了 子

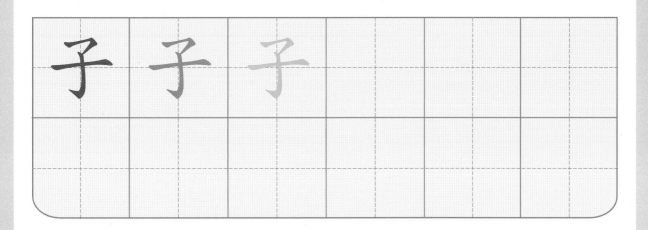

중국	일본
上	上

진흥 8급

위	상
一부	총3획

글자의 유래 기준선(一)보다 **위**(卜)에 있음에서 '**위**'를 나타낸다.

활용 단어
· 年上(연상) : 자기보다 나이가 많음.
· 上下(상하) : 위와 아래.

· 年(해   년)
· 下(아래   하)

필순 丨 卜 上

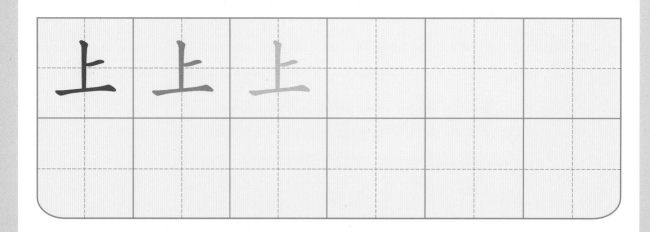

중국	일본
下	下

진흥 8급

아래	하
一부	총3획

⌒ → ⫶ → 下 → 下

글자의 유래 기준선(一)보다 **아래**(卜)에 있음에서 '**아래**'를 나타낸다.

활용 단어
· 下山(하산) : 산에서 내려옴.
· 下水(하수) : 쓰고 버리는 더러운 물.

· 山(메 산)
· 水(물 수)

필순 一 丅 下

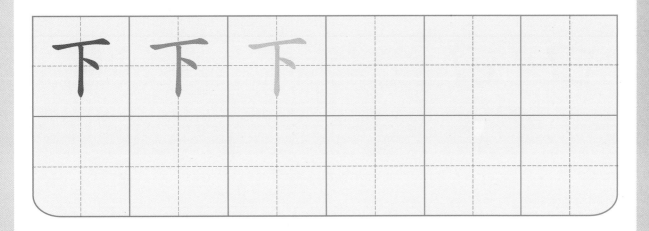

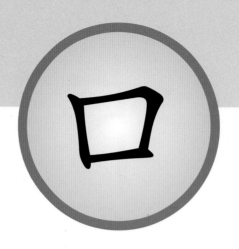

중국	일본
口	口

진흥 8급

입	구
口부	총3획

글자의 유래 '**입**'모양(ㅂ)으로 '**먹는 일**'이나 '**소리**'를 뜻하고, 사람을 세는 단위나 '**구멍**'을 뜻하기도 한다.

활용 단어
· 大口(대구) : 입이 큰 바닷물고기 이름.
· 火口(화구) : 불을 뿜는 아가리.

· 大(큰 대)
· 火(불 화)

필순 ㅣ ㄇ 口

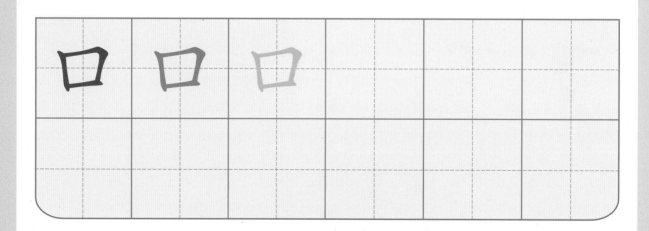

- 工夫(공부) [장인/만들 공, 지아비/사내 부]: (무엇을) 공들여 만드는(工) 사내(夫). 학문이나 기술을 닦는 일.

- 內容(내용) [안 내, 얼굴/담을 용]: 그릇이나 포장 따위의 안(內)에 담겨(容) 들어있는 것. 사물의 속내 또는 실속. 어떤 일의 줄거리가 되는 일.

- 動物(동물) [움직일 동, 물건/만물 물]: 대개 살아 움직이며(動) 생활하는 물체(物體). 생물계를 식물과 함께 둘로 구분한 생물의 하나. 길짐승·날짐승·물고기·벌레·사람 따위를 통틀어 이르는 말.

- 文章(문장) [글월 문, 글 장]: 생각·느낌·사상 등을 문자(文字)로 표현한 글(章). 어떤 생각이나 느낌을 줄거리를 세워 글자로써 적어 나타낸 것. 문(文)은 청(靑)과 적(赤)의 무늬, 장(章)은 적(赤)과 백(白)의 무늬.

- 事物(사물) [일 사, 물건 물]: 일(事)이나 물건(物). 사건과 목적물. 모든 일과 물건의 총칭.

- 生活(생활) [살 생, 살 활]: 살아서(生) 활동(活動)함. 생계를 유지하여 살아나 감. 어느 일정한 조직체에 매여 그 구성원으로 활동함.

- 先生(선생)님 [먼저 선, 날 생]: 도를 먼저 깨닫거나, 도가 먼저(先) 생겨남(生), 또는 먼저 태어남. 어떤 일에 경험이 많거나 잘 아는 사람을 비유적으로 이르는 말. 학생을 가르치는 사람. 학예, 기예 등을 남에게 가르치는 사람. 나이 어린 남자를 높여 부르는 말.

- 植物(식물) [심을 식, 물건/만물 물]: 몸의 일부가 땅속에 심어져(植) 이동하지 않고 수분을 흡수하고 광합성을 하며 살아가는 생물체(生物體). 나무와 풀처럼 땅에 붙 박혀 있는 사물의 총칭.

- 意見(의견) [뜻 의, 볼/견해 견/뵈올 현]: 뜻(意)과 견해(見解). 마음속에 지니고 있는 생각. 어떤 일에 대한 생각.

- 人物(인물) [사람 인, 물건/만물 물]: 사람(人)과 물건(物件). 어떤 역할을 하는 사람. 뛰어난 사람. 사람의 생김새. 사람의 됨됨이.

- 注意(주의) [부을/모을 주, 뜻 의]: 마음이나 뜻(意)을 모음(注). 마음에 새겨 두고 조심함. 경고나 충고의 뜻으로 일깨워줌. 집중을 요하는 일에서 정신을 한데 모음. 또는 그러한 성격이나 능력.

- 親舊(친구) [친할 친, 예/오랠 구]: 친하게(親) 오래(舊)사귄 벗. 옛 부터 친한 사람. 오래 두고 가깝게 사귄 벗.

- 學校(학교) [배울 학, 학교/가르칠 교]: 배우고(學) 가르치는(校) 곳. 교육·학습에 필요한 설비를 갖추고 학생을 모아 놓고 일정한 교육 목적 아래 교사가 지속적으로 교육을 하는 기관. 제도적 교육이 이루어지는 장소, 또는 그 기관.

1 다음 漢字(한자)의 訓(훈)과 音(음)을 쓰세요.

(1) 口 [　　　]　　(2) 上 [　　　]　　(3) 子 [　　　]

(4) 下 [　　　]　　(5) 男 [　　　]

2 다음 밑줄 친 漢字語(한자어)의 讀音(독음)을 쓰세요.

(1) 工夫 [　　　]　　(2) 植物 [　　　]

(3) 內容 [　　　]　　(4) 意見 [　　　]

(5) 動物 [　　　]　　(6) 人物 [　　　]

(7) 文章 [　　　]　　(8) 注意 [　　　]

(9) 事物 [　　　]　　(10) 親舊 [　　　]

(11) 生活 [　　　]　　(12) 學校 [　　　]

(13) 先生님 [　　　]

memo

travel

부록

 한자의 3요소

한자는 우리말과 달리 글자마다 고유한 모양[形]과 소리[音]와 뜻[義]을 가지고 있는데, 이를 '한자의 3요소'라고 합니다. 따라서, 한자를 익힐 때는 3요소를 함께 익혀야 합니다.

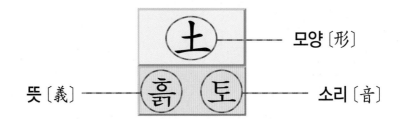

 육서(六書)

1 상형문자(象形文字) : 눈에 보이는 사물의 모양을 그대로 본떠 만든 한자

2 지사문자(指事文字) : 일정한 형태가 없는 생각이나 의미 등을 간단한 점이나 선을 이용하여 만든 한자

③ 회의문자(會意文字) : 이미 만들어진 두 개 이상의 글자가 모여 새로운 뜻을 갖는 한자

兄 (형 형) 입[口]으로 신에게 고하는 사람[儿]인 '형'을 뜻함.

口 (입 구) + 儿 (어진사람 인) = 兄 (형 형)

室 (집 실) 사람이 집[宀]에 이르러[至] 쉬는 집을 뜻함.

宀 (집 면) + 至 (이를 지) = 室 (집 실)

④ 형성문자(形發子) : 뜻 부분과 음 부분이 합쳐져 만들어진 한자

淸 (맑을 청) 맑은 물[水]의 뜻과 청(靑)의 음이 합해짐.

水 (물 수) + 靑 (푸를 청) = 淸 (맑을 청)

住 (살 주) 머물러 사는 사람[人]의 뜻과 주(主)의 음이 합해짐.

人 (사람 인) + 主 (주인 주) = 住 (살 주)

⑤ 전주문자(轉注文字) : 이미 만들어진 글자가 관계 있는 다른 뜻으로 사용되는 한자

| 北 | 북녘 북 | 北方(북방) 北韓(북한) |
| | 달아날 배 | 敗北(패배) |

| 車 | 수레 거 | 自轉車(자전거) 人力車(인력거) |
| | 수레 차 | 車道(차도) 自動車(자동차) |

⑥ 가차문자(假借文字) : 뜻과 관계없이 이미 만들어진 글자의 음을 빌려 쓰는 한자

| Asia | ⇨ | 亞細亞(아세아) |
| Paris | ⇨ | 巴利(파리) |

부수의 위치와 명칭

✹ 머리·두(頭·冠) : 부수가 글자 윗부분에 위치한다.

ㆍ	돼지해머리	亡 : 망할 **망**	交 : 사귈 **교**
宀	집 면(갓머리)	安 : 편안 **안**	室 : 집 **실**
艹	풀 초	花 : 꽃 **화**	英 : 꽃부리 **영**

✹ 변(邊) : 부수가 글자 왼쪽 부분에 위치한다.

亻	사람인변	仁 : 어질 **인**	件 : 사건 **건**
彳	두인변(자축거릴 척, 걸을 척)	待 : 기다릴 **대**	後 : 뒤 **후**
忄	심방변(마음 심)	性 : 성품 **성**	悅 : 기쁠 **열**

✹ 방(傍) : 부수가 글자 오른쪽 부분에 위치한다.

刂	선칼 도(칼 도)	初 : 처음 **초**	刊 : 새길 **간**
阝	고을 읍	邦 : 나라 **방**	郡 : 고을 **군**
攵	칠 복	收 : 거둘 **수**	改 : 고칠 **개**

✹ 발·다리 : 부수가 글자 아랫부분에 위치한다.

儿	어진사람 인	元 : 으뜸 **원**	兄 : 형 **형**
八	여덟 팔	六 : 여섯 **륙**	兵 : 군사 **병**
灬	불 화	烏 : 까마귀 **오**	照 : 비칠 **조**

✹ 엄(广) : 부수가 글자 위와 왼쪽 부분에 위치한다.

尸	주검 시	局 : 판 **국**	屋 : 집 **옥**
广	집 엄	序 : 차례 **서**	度 : 법도 **도**
疒	병들 녁	病 : 병 **병**	疲 : 피곤할 **피**

✲ **받침**: 부수가 글자 왼쪽과 아랫부분에 위치한다.

廴	길게걸을 인(민책받침)	延 : 늘일 **연**	廷 : 조정 **정**
辶	쉬엄쉬엄갈 착(책받침)	近 : 가까울 **근**	連 : 이을 **련**
走	달아날 주	赴 : 다다를 **부**	起 : 일어날 **기**

✲ **몸**: 부수가 글자 둘레를 에워싸고 있는 부분에 위치한다.

囗	큰입구몸	囚 : 가둘 **수**	國 : 나라 **국**
匸	감출 혜	匹 : 짝 **필**	區 : 지경 **구**
凵	입벌릴 감(위터진입 구)	凶 : 흉할 **흉**	出 : 날 **출**
門	문 문	開 : 열 **개**	間 : 사이 **간**
行	다닐 행	術 : 재주 **술**	街 : 거리 **가**
衣	옷 의	衰 : 쇠할 **쇠**	衷 : 속마음 **충**

 ✲ **제부수**: 부수가 한 글자 전체를 구성한다.

木	나무 목	火	불 화	金	쇠 금
水	물 수	山	메 산	女	계집 녀

 ## 기본 부수와 변형된 부수

기본자		변형자	기본자		변형자
人 (사람 인)	⟹	亻(仁)	犬 (개 견)	⟹	犭(狗)
刀 (칼 도)	⟹	刂(別)	玉 (구슬 옥)	⟹	王(珠)
川 (내 천)	⟹	巛(州)	示 (보일 시)	⟹	礻(礼)
心 (마음 심)	⟹	忄·㣺(性·慕)	老 (늙을 로)	⟹	耂(考)
手 (손 수)	⟹	扌(打)	肉 (고기 육)	⟹	月(肝)
攴 (칠 복)	⟹	攵(改)	艸 (풀 초)	⟹	艹(花)
水 (물 수)	⟹	氵·氺(江·泰)	衣 (옷 의)	⟹	衤(被)
火 (불 화)	⟹	灬(烈)	辵 (쉬엄쉬엄갈 착)	⟹	辶(近)
爪 (손톱 조)	⟹	爫(爭)	邑 (고을 읍)	⟹	阝(우부방)(郡)
			阜 (언덕 부)	⟹	阝(좌부방)(防)

한자의 필순

다른 문자와 달리 한자는 점과 획수가 많고, 이들 점과 획이 다양하게 교차하여 하나의 글자를 이룹니다. 따라서, 한자를 쓰는 기본적인 필순을 익히면 좀더 쉽게 한자의 모양과 뜻을 구별할 수 있어 한자를 이해하는 데 큰 도움이 됩니다. 또한 한자를 쓸 때 균형 있게 잘 쓸 수 있습니다.

1 위에서 아래로 쓴다.

2 왼쪽에서 오른쪽으로 쓴다.

3 가로획을 먼저 쓰고, 세로획은 나중에 쓴다.

4 좌우가 대칭일 때는 가운데를 먼저 쓴다.

水 ➡ 亅 氵 水 水

5 꿰뚫는 획은 나중에 쓴다.

(1) 세로로 뚫는 경우

中 ➡ 丨 口 口 中

(2) 가로로 뚫는 경우

女 ➡ 𡿨 女 女

6 가로획과 세로획이 교차할 때에는 가로획을 먼저 쓴다.

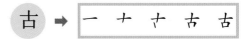

7 삐침(丿)은 파임(乀)보다 먼저 쓴다.

8 몸과 안으로 이루어진 글자는 몸을 먼저 쓴다.

9 오른쪽 위에 있는 점은 나중에 찍는다.

10 辵(辶)과 廴받침은 맨 나중에 한다.

반대어·상대어

敎(가르칠 교)	⇔	學(배울 학)	父(아비 부)	⇔	母(어미 모)
南(남녘 남)	⇔	北(북녘 북)	山(메 산)	⇔	水(물 수)
大(큰 대)	⇔	小(작을 소)	水(물 수)	⇔	火(불 화)
東(동녘 동)	⇔	南(남녘 남)	日(날 일)	⇔	月(달 월)
東(동녘 동)	⇔	西(서녘 서)	兄(형 형)	⇔	弟(아우 제)
母(어미 모)	⇔	女(계집 녀)			

읽기 어려운 한자

▷ 'ㄴ·ㄹ'이 맨 앞에 오는 글자

'ㄴ·ㄹ'이 글자 앞에 오면 'ㄴ'이나 'ㅇ'으로 소리 나는 대로 표기합니다.

年(해 년) ····· 年上(연상)	*'년상'으로 표기하면 안 됩니다.
女(계집 녀) ····· 女人(여인)	*'녀인'으로 표기하면 안 됩니다.
老(늙을 로) ····· 老人(노인)	*'로인'으로 표기하면 안 됩니다.

▷ 두 가지 이상의 음으로 읽는 글자

北 ┌ 북녘 북 ····· 예) 北門(북문)
　 └ 달아날 배 ····· 예) 敗北(패배) *敗 : 질/깨뜨릴 패

金 ┌ 쇠 금 ········ 예) 萬金(만금)
　 └ 성 김 ········ 예) 金氏(김씨) *氏 : 성 씨

▷ 달을 나타낼 때 음이 변하는 숫자

六·十은 달을 표기할 때 다음과 같이 소리 나는 대로 표기합니다.

六(여섯 륙) ····· 六月(유월)	*'육월'로 읽으면 안 됩니다.
十(열 십) ····· 十月(시월)	*'십월'로 읽으면 안 됩니다.

01 과　　24~25쪽

1. (1) 흙 토　(2) 해 년　(3) 큰 대　(4) 형/맏 형
(5) 나무 목　(6) 동녘 동　(7) 군사 군　(8) 배울 학
(9) 문 문　(10) 날 일

2. (1) 대학　(2) 학년　(3) 동문　(4) 토목
(5) 부형　(6) 군인　(7) 연상　(8) 생일

3. (1) ㉡　(2) ㉢　(3) ㉣　(4) ㉠

4. (1) ㉢　(2) ㉢　(3) ㉡　(4) ㉺
(5) ㉧　(6) ㉠　(7) ㉣　(8) ㉼

02 과　　38~39쪽

1. (1) 흰 백　(2) 한국/나라 한　　(3) 달 월
(4) 북녘 북/ 달아날 배　　(5) 마디 촌
(6) 아우 제　(7) 사람 인　(8) 쇠 금/성 김
(9) 가운데 중　　(10) 나라 국

2. (1) 백금　(2) 중학　(3) 삼촌　(4) 형제
(5) 북한　(6) 한국　(7) 중간　(8) 매일

3. (1) ㉡　(2) ㉠　(3) ㉣　(4) ㉢

4. (1) ㉡　(2) ㉣　(3) ㉼　(4) ㉧
(5) ㉺　(6) ㉢　(7) ㉠　(8) ㉢

03 과　　52~53쪽

1. (1) ㉼　(2) ㉢　(3) ㉺　(4) ㉧
(5) ㉢　(6) ㉣　(7) ㉡　(8) ㉠
(9) ㉣　(10) ㉣

2. (1) 수문　(2) 교장　(3) 장녀　(4) 국왕
(5) 교문　(6) 모교　(7) 외국인

3. (1) ㉢　(2) ㉣　(3) ㉺　(4) ㉡
(5) ㉼　(6) ㉡

4. (1) ㉡　(2) ㉣　(3) ㉼　(4) ㉺
(5) ㉠　(6) ㉧　(7) ㉢　(8) ㉼

04 과　　66~67쪽

1. (1) ③-㉼　(2) ④-㉣　(3) ①-㉠　(4) ②-㉡
(5) ⑦-㉧　(6) ⑧-㉺　(7) ⑥-㉢　(8) ⑤-㉢
(9) ⑩-㉢　(10) ⑨-㉺

2. (1) 한 일　(2) 두 이　(3) 석 삼　(4) 넉 사
(5) 다섯 오　(6) 여섯 륙　(7) 일곱 칠　(8) 여덟 팔
(9) 아홉 구　(10) 열 십

3. (1) 오　(2) 칠　(3) 삼　(4) 일
(5) 구　(6) 사　(7) 육　(8) 이
(9) 팔　(10) 십

05 과　　80~81쪽

1. (1) 남녘 남　(2) 백성 민　(3) 작을 소　(4) 날 생
(5) 먼저 선　(6) 집/방 실　(7) 푸를 청　(8) 불 화
(9) 일만 만　(10) 메 산

2. (1) 남산　(2) 국민　(3) 선생　(4) 교실
(5) 청년　(6) 만일　(7) 소인　(8) 화산

3. (1) ㉧　(2) ㉠　(3) ㉢　(4) ㉺
(5) ㉺　(6) ㉣　(7) ㉼　(8) ㉡

4. (1) ㉣　(2) ㉠　(3) ㉢　(4) ㉡

06 과　　90쪽

1. (1) 입구　(2) 위 상　(3) 아들 자
(4) 아래 하　(5) 사내 남

2. (1) 공부　(2) 식물　(3) 내용　(4) 의견
(5) 동물　(6) 인물　(7) 문장　(8) 주의
(9) 사물　(10) 친구　(11) 생활　(12) 학교
(13) 선생님

한자즐기기

22~23쪽

01 과

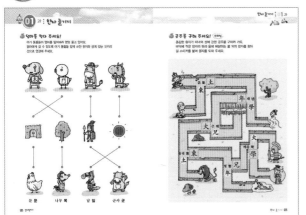

36~37쪽

02 과

64~65쪽

04 과

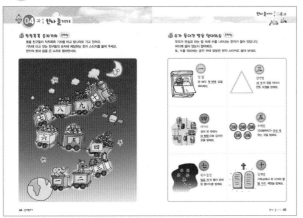

78~79쪽

05 과

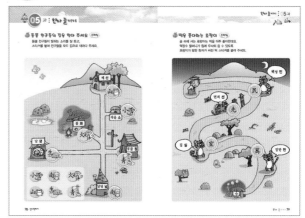

예상 모의고사

제 1 회

(1) 이년　(2) 삼월　(3) 학생　(4) 남　(5) 교문
(6) 북　(7) 산　(8) 동　(9) 서　(10) 사촌
(11) 여군　(12) 일　(13) 부모　(14) 형제　(15) 오인
(16) 가르칠교　(17) 아홉 구　(18) 작을 소　(19) 먼저 선
(20) 큰 대　(21) 여섯 륙　(22) 가운데 중　(23) 일만 만
(24) 군사군　(25) 문문　(26) ③　(27) ⑥　(28) ⑨
(29) ①　(30) ②　(31) ⑩　(32) ⑧　(33) ④
(34) ⑦　(35) ⑤　(36) ④　(37) ①　(38) ③
(39) ⑤　(40) ②　(41) ②　(42) ③　(43) ⑤
(44) ③　(45) ①　(46) ②　(47) ②　(48) ④
(49) ④　(50) 첫 번째

제 2 회

(1) 일년　(2) 일　(3) 팔　(4) 학교　(5) 수
(6) 금　(7) 화　(8) 목　(9) 북　(10) 남
(11) 동　(12) 서　(13) 토　(14) 부모　(15) 형제
(16) 아홉구　(17) 군사군　(18) 가르칠교　(19) 넉사
(20) 열십　(21) 달월　(22) 두이　(23) 가운데중
(24) 한국/나라한　(25) 남녘 남　(26) ④　(27) ①
(28) ⑤　(29) ③　(30) ⑦　(31) ②　(32) ⑩
(33) ⑥　(34) ⑧　(35) ⑨　(36) ⑤　(37) ②
(38) ①　(39) ⑥　(40) ③　(41) ⑤　(42) ②
(43) ⑥　(44) ①　(45) ③　(46) ②　(47) ⑤
(48) ④　(49) ④　(50) 네 번째

8급 배정한자 색인

教 가르칠 교	校 학교 교	九 아홉 구	國 나라 국
軍 군사 군	金 쇠 금	南 남녘 남	女 계집 녀
年 해 년	口 입 구	上 위 상	子 아들 자

大 큰 대	東 동녘 동	六 여섯 륙	萬 일만 만
母 어미 모	木 나무 목	門 문 문	民 백성 민
男 사내 남	下 아래 하	白 흰 백	

父	北	四	山
아비 부	북녘 북	넉 사	메 산
三	生	西	先
석 삼	날 생	서녘 서	먼저 선
小	水	室	十
작을 소	물 수	집 실	열 십
五	王	外	月
다섯 오	임금 왕	바깥 외	달 월

二	人	日	一
두 이	사람 인	날 일	한 일

長	弟	中	靑
긴 장	아우 제	가운데 중	푸를 청

寸	七	土	八
마디 촌	일곱 칠	흙 토	여덟 팔

學	韓	兄	火
배울 학	한국 한	형 형	불 화

재미있는 한자 **급수박사 8급**

23 쪽에 사용하세요.

土 年 大
東 兄 學

36 쪽에 사용하세요.

흰 백   사람 인   마디 촌

37 쪽에 사용하세요.

한국 한   나라 국

아우 제   쇠 금

50 51 쪽에 사용하세요.

64 쪽에 사용하세요.

二 四 六
八 九

65 쪽에 사용하세요.

一 三 四
五 七 十

78 쪽에 사용하세요.

小 南 火
山 生 青

79 쪽에 사용하세요.

民 先
室 萬

국가공인 한자능력검정시험 8급

펴 낸 곳 어시스트하모니(주)

펴 낸 이 이정균

등록번호 제2019-000078호

주   소 서울시 영등포구 선유로 170, 동양빌딩
301호

구입문의 02)2088-4242

팩   스 02)6442-8714

I S B N 979-11-969104-7-1   63710

● 4500여 한자(漢字)를 같은 모양끼리 모아, 이해하기 쉽고 지도하기 쉽게 엮은 한 권의 책

● 2000여 한자(漢字)를 공무원 시험이나 각종 고시에 출제되는 한자를 포함하여 같은 모양끼리 모아 이해하기 쉽게 엮은 책

국가공인
한자능력검정시험
완벽 대비 수험서!

모양별 분류
짧은 시간 내에 많은 한자를 학습할 수 있습니다.

한자의 유래 및 고문 그림
한자의 생성 원리와 시각적 이미지를 통해 확실하게 한자를 머릿속에 기억할 수 있습니다.

쓰기노트
한자를 직접 쓰면서 익힐 수 있습니다.

 한자능력검정시험 대비 한자 급수박사 **시리즈**